新时代智库出版的领跑者

国家智库报告　经济·2025

National Think Tank

中国式现代化背景下的乡村旅游发展

Rural Tourism Development in the Context of Chinese Path to Modernization

宋　瑞
刘倩倩　著
周功梅

中国社会科学出版社

图书在版编目（CIP）数据

中国式现代化背景下的乡村旅游发展／宋瑞，刘倩倩，周功梅著. -- 北京：中国社会科学出版社，2025. 8. --（国家智库报告）. -- ISBN 978-7-5227-5187-0

Ⅰ．F592.3

中国国家版本馆CIP数据核字第2025BS5270号

出 版 人	季为民
责任编辑	周　佳
责任校对	刘　娟
责任印制	李寡寡

出　　版	中国社会科学出版社
社　　址	北京鼓楼西大街甲158号
邮　　编	100720
网　　址	http://www.csspw.cn
发 行 部	010-84083685
门 市 部	010-84029450
经　　销	新华书店及其他书店

印刷装订	北京君升印刷有限公司
版　　次	2025年8月第1版
印　　次	2025年8月第1次印刷

开　　本	787×1092　1/16
印　　张	12.25
插　　页	2
字　　数	160千字
定　　价	68.00元

凡购买中国社会科学出版社图书，如有质量问题请与本社营销中心联系调换
电话：010-84083683
版权所有　侵权必究

序

习近平总书记 2014 年在江苏调研时指出，"没有农业现代化，没有农村繁荣富强，没有农民安居乐业，国家现代化是不完整、不全面、不牢固的"（习近平，2022）。目前，全面建设社会主义现代化国家，最艰巨最繁重的任务仍然在农村。从 20 世纪 80 年代至今，作为兼容生产生活生态、融通工农城乡的领域，乡村旅游在促进农业提质增效、农村繁荣稳定、农民增收致富等方面发挥了重要作用，为实现乡村振兴"产业兴旺、生态宜居、乡风文明、治理有效、生活富裕"的目标做出了积极贡献。在新的形势下，乡村旅游也呈现出新的特征，面临新的挑战。

本书围绕"中国式现代化背景下的乡村旅游"这一主题，系统研究了乡村旅游的发展环境、理论探究、时空特征、政策演变，选择典型地区诸多案例进行了全面分析，并深入探讨了乡村民宿发展与土地制度、多元化经营模式与村集体经济、非物质文化遗产保护与利用、新媒体与数字化发展的契机等重要议题。

全书共分为八个部分。

第一部分围绕"宏观背景"，分析了中国社会经济发展背景，特别是其中的国民经济形势、乡村振兴战略和中国式现代化等与乡村旅游的关系。总体来看，国民经济的持续增长，大众旅游时代的全面到来，乡村振兴战略的持续推进，共同富裕的深入发展以及中国式现代化发展，均为乡村旅游提供了良好的发展环境，也提出了新的发展要求。

第二部分围绕"研究述评"，回顾了过去 30 多年来中国学术界围绕乡村旅游展开的系列研究，并对未来做出展望。总体来看，中国乡村旅游研究在主题上一方面呈现出明显的传承特征，乡村旅游开发、乡村旅游发展模式、社区居民等主题受到持续关注；另一方面又不断涌现出新的研究主题，研究内容具有鲜明的政策导向性和时代背景特征，并体现出越发浓厚的人文精神。

第三部分围绕"现状分析"，研究了乡村旅游的发展历程以及全国乡村旅游重点村镇的空间分布。在此基础上，对其发展模式、典型类型进行了梳理，并从多个角度审视乡村旅游存在的问题和面临的挑战。总体来看，分别以"胡焕庸线"和"秦岭—淮河"为界，中国乡村旅游地在空间分布上呈现"东多西少、南多北少"的特征，其产品类型和投资模式日趋多样化，在发展规划、体制机制、产品同质化、农民主体地位、利益共享机制等方面仍有提升空间。

第四部分围绕"政策演变"，梳理了近年来中国在促进乡村旅游发展方面出台的各类政策工具及其类型特征、演化规律。总体来看，乡村旅游相关政策大致经历了政策依附、政策起步、政策发展和政策深化 4 个阶段，主要包括引导型、支持型、保障型和规制型 4 种类型，呈现出政策导向、融合发展、综合目标等特征。

第五部分围绕"典型区域"，分别选择超大城市郊区（以北京、成都为例）、特大城市郊区（以武汉为例）、美丽乡村建设（以婺源为例）等类型进行解剖麻雀式的案例研究。总体来看，不同地域、不同区位、不同经济发展条件的乡村，其旅游产品开发、业态类型结构、投资主体特征、经营管理模式等各有特色，而业态丰富、产品多样、注重体验、多方受益、迭代演化、规范发展则是其共有规律。

第六部分围绕"关键议题",探讨了乡村民宿发展与土地制度、多元化经营模式与新型集体经济、非物质文化遗产保护与利用、新媒体与数字化发展的契机四个重要问题。

第七部分围绕"国际借鉴",介绍了英国、美国、日本等国家在乡村旅游发展方面的典型经验和做法。

第八部分围绕"未来展望",重点分析了乡村旅游发展的新环境、新趋势、新挑战、新机遇和未来新模式。总体来看,乡村旅游将向常态化、广度化、深度化、多主体化发展。

本书是我们团队长期关注乡村旅游的成果结晶。感谢两位合作者——刘倩倩博士和周功梅博士。这些年,有幸陪伴她们在学术道路上踔厉前行,开心见证她们的成长进步。二人的踏实、聪慧、勤勉、敬业让我再次体会到旅游学术研究的魅力和希望。感谢中国社会科学出版社喻苗主任和本书责任编辑周佳,她们的慧眼和专业,让这本书以及我们团队的其他成果得以陆续问世。不敢以横渠四句——"为天地立心,为生民立命,为往圣继绝学,为万世开太平"相比,不过始终坚信也一直践行的是,身为学者,唯有以自己的研究成果回报生养我们的这片土地,记录我们对这片土地的深切感思。

愿您开卷有益!

宋 瑞

2025 年 5 月 20 日

摘要： 全面建设社会主义现代化国家，最艰巨最繁重的任务仍然在农村。从 20 世纪 80 年代至今，作为兼容生产生活生态、融通工农城乡的领域，乡村旅游在促进农业提质增效、农村繁荣稳定、农民增收致富等方面发挥了重要作用。在中国式现代化背景下，乡村旅游作为乡村振兴的重要抓手和可行路径，肩负着实现"三农"现代化的重要使命，同时也面临新的发展机遇与挑战。

本书围绕"中国式现代化背景下的乡村旅游发展"这一主题，立足宏观背景、研究述评、现状分析、政策演变、典型案例、关键议题、国际经验及未来展望八部分，开展多维度研究。首先，系统研究了乡村旅游的发展环境、理论探究、时空特征及政策演变；其次，重点分析了中国不同区位地域乡村旅游地的典型案例，并广泛借鉴英国、美国、日本等国家乡村旅游的发展经验，为乡村旅游发展提供新思路；然后，深入探讨了乡村民宿发展与土地制度、多元化经营模式与村集体经济、非物质文化遗产保护与利用、新媒体与数字化发展的契机等重要议题；最后，从乡村旅游发展的新趋势、新机遇、新挑战和未来新模式等方面，对我国乡村旅游未来发展做出展望，指出乡村旅游将向常态化、广域化、深度化、多主体化发展。

全书以跨学科视角整合经济学、地理学、社会学理论，结合典型案例的实证分析，既展现乡村旅游发展的宏观图景，又破解微观实践难题，为政府部门制定政策、企业投资运营、学界深化研究提供了系统性智力支撑，彰显了服务中国式现代化、助力乡村旅游高质量发展的现实价值。

关键词： 乡村旅游；中国式现代化；多维透视

Abstract: The most arduous task in comprehensively building a socialist modernized country remains in rural areas. Since the 1980s, rural tourism, an interdisciplinary field that integrates production, living, and ecological functions while bridging industrial, agricultural, urban, and rural sectors, has played a pivotal role in enhancing agricultural quality and efficiency, promoting rural prosperity and stability, and increasing farmers' income. Within the context of Chinese Modernization, rural tourism serves as a critical entry point and viable pathway for rural revitalization, assuming a crucial mission to achieve the modernization of "agriculture, rural areas, and farmers," while confronting new developmental opportunities and challenges.

Focused on the theme of "rural tourism in the context of Chinese Modernization," this book undertakes a multi-dimensional exploration across eight key domains: macro background, literature review, status analysis, policy evolution, typical cases, critical issues, international experience, and prospective developments. First, it systematically examines the developmental environment, theoretical explorations, spatiotemporal characteristics, and policy trajectories of rural tourism. Second, it analyzes typical rural tourism destinations across diverse Chinese regions and draws extensively on the developmental experiences of countries such as the UK, The USA and Japan, offering innovative insights for rural tourism growth. Third, it delves into critical topics including rural homestay development and land systems, diversified business models and village collective economies, intangible cultural heritage protection and utilization, and opportunities presented by new media and digital transformation. Finally, from the perspectives of emerging trends, opportunities, challenges, and future paradigms, it envisions the future of Chinese rural tourism, identifying trends toward normalization, broad coverage, deep integration, and multi-stakeholder participation.

Blending theories from economics, geography, and sociology through an interdisciplinary approach and combining empirical analyses of typical cases, this book presents both a macro-perspective of rural tourism development and solutions to micro-level practical issues. It provides systematic intellectual support for government policy formulation, enterprise investment and operation, and academic research, underscoring its practical value in serving Chinese Modernization and facilitating the high-quality development of rural tourism.

Key Words: Rural tourism; Chinese Modernization; Multidimensional perspective

目 录

一 乡村旅游发展的宏观背景 ……………………………（1）
  （一）国民经济 ……………………………………………（1）
  （二）乡村振兴 ……………………………………………（5）
  （三）共同富裕 ……………………………………………（9）
  （四）中国式现代化 ………………………………………（13）
  （五）小结 …………………………………………………（18）

二 乡村旅游发展的研究述评 ……………………………（19）
  （一）研究进程 ……………………………………………（19）
  （二）态势特征 ……………………………………………（24）
  （三）核心议题 ……………………………………………（29）
  （四）研究展望 ……………………………………………（37）

三 乡村旅游发展的现状分析 ……………………………（39）
  （一）简要历程 ……………………………………………（39）
  （二）发展规模 ……………………………………………（43）
  （三）分布特征 ……………………………………………（46）
  （四）发展模式 ……………………………………………（54）
  （五）存在的问题 …………………………………………（59）

四 乡村旅游发展的政策演变 ………………………… (68)
- （一）政策阶段 ………………………………………… (68)
- （二）政策内容 ………………………………………… (81)
- （三）政策特征 ………………………………………… (91)

五 乡村旅游发展的典型区域 ………………………… (95)
- （一）超大城市郊区：以北京、成都为例 …………… (95)
- （二）特大城市郊区：以武汉为例 …………………… (102)
- （三）美丽乡村建设：以婺源为例 …………………… (107)

六 乡村旅游发展的关键议题 ………………………… (119)
- （一）乡村民宿发展与土地制度 ……………………… (119)
- （二）多元化经营模式与新型集体经济 ……………… (123)
- （三）非物质文化遗产保护与利用 …………………… (129)
- （四）新媒体与数字化发展的契机 …………………… (134)

七 乡村旅游发展的国际借鉴 ………………………… (141)
- （一）英国乡村旅游 …………………………………… (141)
- （二）美国乡村旅游 …………………………………… (146)
- （三）日本乡村旅游 …………………………………… (150)

八 乡村旅游发展的未来展望 ………………………… (154)
- （一）新环境 …………………………………………… (154)
- （二）新趋势 …………………………………………… (156)
- （三）新挑战 …………………………………………… (158)
- （四）新机遇 …………………………………………… (159)
- （五）相关建议 ………………………………………… (161)

主要参考文献 ………………………………………… (174)

一　乡村旅游发展的宏观背景

自20世纪80年代萌芽至今，乡村旅游作为横跨一二三产业、兼容生产生活生态、融通工农城乡的综合性产业，在促进农业提质增效、农村繁荣稳定、农民增收致富等方面发挥了重要作用。纵观乡村旅游发展历程，其快速发展既离不开国民经济的稳步增长，也得益于乡村振兴、共同富裕等国家战略的有力推动，也必将在中国式现代化进程中发挥更大作用。

（一）国民经济

近年来，中国经济总量规模不断扩大，人均GDP水平持续攀升，旅游消费已成为人民美好生活的重要选项和刚性需求。在中国全面进入大众旅游的新时代，乡村旅游消费需求旺盛，乡村观光旅游、乡村休闲旅游和乡村度假旅游并行发展。

1. 国民经济保持稳步增长

改革开放以来，中国国民经济持续稳步增长，经济规模不断扩大。根据国家统计局数据，中国国民经济总量先后于1986年突破1万亿元，于2000年突破10万亿元大关，超越意大利成为世界第六大经济体；于2010年超过40万亿元，超越日本，之后连年稳居世界第二。党的十八大以来，中国经济总量连上新台阶，2022年超过120万亿元（如图1-1所示）。

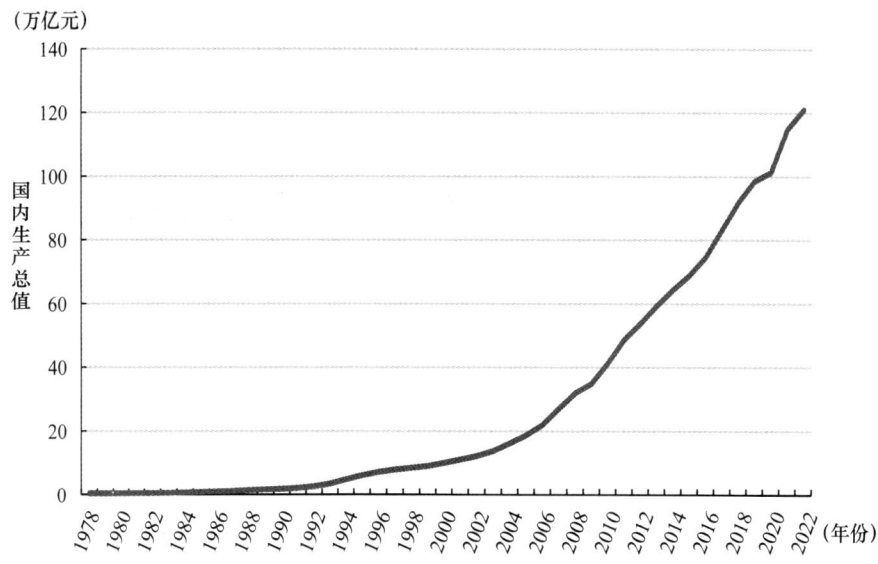

图 1-1　1978—2022 年中国国内生产总值

资料来源：国家统计局（https：//data.stats.gov.cn）。

根据世界银行（World Bank）的统计数据，改革开放以来，按照美元现价进行计算，中国人均国内生产总值呈现出快速增长趋势（如图 1-2 所示）。由图 1-2 可知，中国人均 GDP

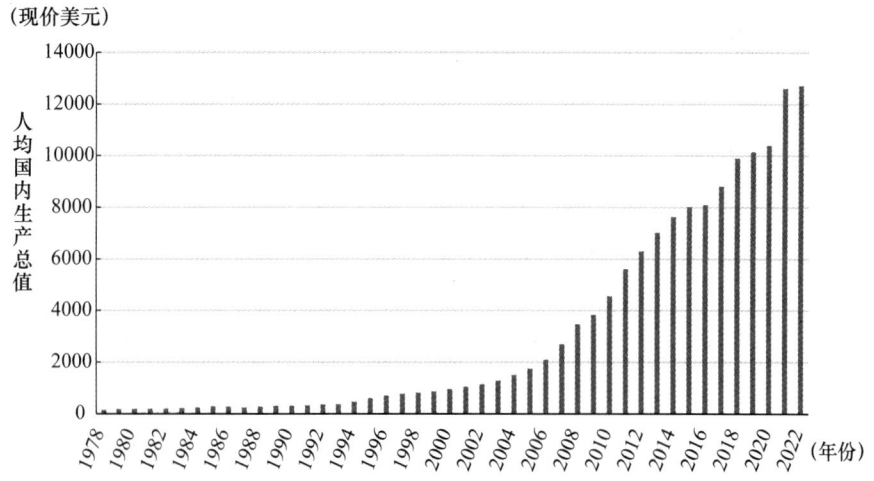

图 1-2　1978—2022 年中国人均国内生产总值

资料来源：世界银行（https：//data.worldbank.org）。

在2001年首次超过1000美元,在2006年超过2000美元,在2008年超过3000美元。经过连年的快速增长,中国人均GDP在2019年首次突破10000美元,并于2022年增长至12720美元。

总之,随着国民经济的持续快速发展,中国居民的人均GDP不断攀升,旅游不再是过去"仓廪实,衣食足"之后的奢侈消费,而成为人民群众的普通消费品以及人民美好生活的重要选项和刚性需求。

2. 全面进入大众旅游时代

国际经验数据表明,人均GDP增长与旅游消费增长存在正相关关系。随着人均GDP的增长,旅游需求一般要经历"观光游—休闲游—度假游"三个发展阶段。例如,当人均GDP在1000美元以下时,人们的旅游消费需求较低,对旅游产品的要求也相对较少;但当人均GDP在1000—2000美元时,人们的观光旅游需求快速增长,热衷于风景名胜古迹等观光旅游产品;当人均GDP在2000—3000美元时,人们的休闲旅游需求快速增长,不再局限于观光旅游产品,开始探寻温泉旅游、文化旅游等休闲旅游产品;当人均GDP达到3000美元时,人们对度假旅游产品需求旺盛;当人均GDP达到5000美元时,人们的休闲需求和消费能力日益增强并呈现出多元化的趋势(马勇、李玺,2018)。

大致参照上述经验规律[①],对标中国人均GDP的增长情况,可推得中国居民的旅游需求概况:从2001年(当年人均GDP为1053.11美元)开始,观光旅游快速增长;从2006年(当年人均GDP为2099.22美元)开始,旅游需求进入休闲旅游快速发展阶段;自2008年(当年人均GDP为3468.33美元)开始,度假旅游兴起,居民旅游需求呈现出多样化、高端化趋势,尤

---

① 上述经验规律不一定完全适用于中国,仅作参考。

其是2019年以来，中国人均GDP突破一万美元大关，以休闲度假旅游为代表的多种类型旅游消费并行发展。

自1999年"国庆黄金周"开始，伴随人们消费水平的不断提高和品质生活需求的日益升级，中国已进入大众化、现代化旅游经济发展轨道。2015年中国国民的人均出游率已经超过了三次，旅游逐渐成为老百姓日常生活的一部分。2016年，政府工作报告中提出"迎接一个大众旅游的新时代"的口号。

2022年1月，国务院印发的《"十四五"旅游业发展规划》中指出，"十三五"时期中国人均出游率超过四次，旅游已经成为小康社会人民美好生活的刚性需求。"十四五"时期，中国将全面进入大众旅游时代，人民群众的旅游动机和消费能力将被进一步激发，旅游消费需求将从低层次向高品质和多样化转变，由注重观光向兼顾观光与休闲度假转变，旅游活动正由"少数人高频次"向"多数人高覆盖"过渡，客源市场正由大中型城市向中小型城镇梯度下沉（宋瑞、刘倩倩，2023）。

3. 乡村旅游消费需求旺盛

中国乡村地域辽阔、景观各异、资源丰富，自然资源和人文资源特色鲜明。现代都市人口众多、生活节奏快，给生活在城镇的市民造成巨大的精神和生活压力。暂时远离喧嚣的都市生活环境，到乡村寻求一种回归自然、悠然自乐的慢节奏生活，对城里人有着强烈的吸引力。农村生产生活景观作为重要的旅游吸引物，通过不断整合与创新，可以很好地适应城镇人群大众化、分众化、个性化的旅游消费需求。

根据国际经验，人均GDP与乡村旅游需求呈现一定的关系规律。陕西省文化和旅游厅发布的报告显示，当人均GDP达到3000美元时，乡村旅游以市民到乡村观光为主；当人均GDP达到7000美元时，乡村旅游需求休闲化趋势开始呈现，市民不仅到乡村旅游，而且主要是在农场食宿；当人均GDP达到13000

美元时，乡村旅游需求开始进入度假化阶段，一些家庭农场逐渐从一般农场演变为休闲度假农场。2022年，中国人均GDP已经达到12720美元，即将突破13000美元，这为居民开展多频次、多类别的旅游活动提供了经济基础。随着经济发展水平的不断提升，大众群体的休闲度假旅游需求以及旅游消费升级需求为乡村旅游加速发展和变革提供了必要条件。

（二）乡村振兴

党的十九大提出实施乡村振兴战略，标志着中国"三农"工作重心的历史性转移。从乡村振兴的三个条件（即乡村价值重新思考、"三农"要素重新组织和城乡关系重新定位）来看，乡村旅游是实现乡村振兴的重要途径之一。

1. 全面推进乡村振兴战略

城乡二元结构是中国社会经济的基本特征。一方面，改革开放至今，中国的工业化、城镇化水平大幅提升，在工业化和城镇化的推动下中国经济实现快速发展，成为世界第二大经济体。另一方面，城乡有别的资源配置和城乡分割的发展模式，造成农业生产、农村发展、农民生活与工业化、城市发展和市民生活的隔离。近年来，随着以农地改革和税费改革为主、包括"三下乡"等在内的各项惠农政策的实施，"农民真苦，农村真穷，农业真危险"的问题得到了一定程度的解决，然而农村依然存在发展动力不足、社会保障落后、公共服务欠缺、基础设施不足、乡村文化衰落等问题。总体而言，农业、农村和农民在资源配置和国民收入分配中仍然处于不利地位，城乡居民在发展机会和社会地位等方面依然不平等（宋瑞，2017）。

新时代中国社会主要矛盾已经转化为人民日益增长的美好生活需要和不平衡不充分的发展之间的矛盾。鉴于中国社会经济发展最大的不平衡在于城乡之间，最不充分的发展是乡村发展，党的十九大报告中提出"实施乡村振兴战略"，并指出："农业农村农民问题是关系国计民生的根本性问题，必须始终把解决好'三农'问题作为全党工作重中之重。要坚持农业农村优先发展，按照产业兴旺、生态宜居、乡风文明、治理有效、生活富裕的总要求，建立健全城乡融合发展体制机制和政策体系，加快推进农业农村现代化。"2018年1月2日，国务院公布了2018年中央一号文件，即《中共中央 国务院关于实施乡村振兴战略的意见》。2021年4月29日，《中华人民共和国乡村振兴促进法》通过，并自2021年6月1日起施行，明确指出要推动乡村旅游发展并推进乡村旅游重点村镇建设。

新时代下，为了顺应亿万名农民对美好生活的向往，乡村振兴已成为做好"三农"工作的总抓手。本质上来说，乡村振兴战略是对以往农村发展模式的深度反思与高度升华，结合了中华人民共和国成立70多年来的农业农村发展经验和中国特色社会主义新发展阶段，是一项创新性举措，也是决胜全面建成小康社会、全面建设社会主义现代化国家的重大历史任务。2022年党的二十大报告中进一步指出要"全面推进乡村振兴战略"，并阐明"全面建设社会主义现代化国家，最艰巨最繁重的任务仍然在农村。坚持农业农村优先发展，坚持城乡融合发展，畅通城乡要素流动。加快建设农业强国，扎实推动乡村产业、人才、文化、生态、组织振兴"。

2. 乡村振兴需把握三个关键

乡村是一个兼具生产性、生活性、生态性、社会性、行政性的载体，具有不同于城市的属性、特征、自我价值和内在规律。乡村振兴涉及乡村经济的振兴、乡村治理体系的重构、乡村社会结构和文化生态的重塑、乡村公共环境的整治等一系列问题，需要复杂的制度安排和系统的规划设计。就其核心而言，乡村振兴至少需要三个重要条件。

一是在理念上，重视乡村的自在价值。乡村在食品生产和供应、生态保护和改善、文化寄托和传承等方面具有不可取代的重要作用。对于一个人口大国而言，土地安全、粮食安全、食品安全的重要性毋庸置疑，乡村的农业价值至关重要。乡村作为一种延续数千年的聚落形态，具有家园价值，附带了集体的文化记忆。社会变迁越快，城市扩张越大，人们越容易患上"乡愁"。一个繁荣复兴的、可以寄托文明归属的乡村具备不可替代的人文价值。乡村作为低密度、亲自然的一种人居环境形态，在环境保护和改善方面具有重要价值。乡村作为城市腹地，在经济、生态、社会、人口等方面具有支撑和缓冲作用。

二是在组织上，对"三农"要素进行重新定位和交叉组合。传统上，农业、农村、农民"三农"高度统一，即农民住在农村从事农业。随着社会的发展，需要而且也有可能对"三农"进行多元、灵活的组合。从事农业生产的不一定是传统意义上的农民；农业不仅仅是传统的单一的种植业，各种现代的技术、手段、业态都可以结合；农民不再是一种社会身份，而是一种职业；乡村超越了传统意义上的农村概念，是城乡连续谱系中不可或缺的、低密度的、具有独特文化与景观价值的特定人居形态。

三是在制度上，实现城乡之间资本、人力、知识等各种要素的相互流动。要把工业与农业、城市与乡村、城镇居民与农村居民作为一个整体，统筹规划，通过体制改革和政策调整，促进城乡在规划建设、产业发展、政策措施、环境保护、社会事业、公共服务、社会保障等各个方面的一体化，实现城乡居民在政策上的平等、资源利用上的互补、国民待遇上的一致，使整个城乡经济社会实现自由的双向流动以及全面、协调的发展。

总之，要实现乡村振兴，就不能再走原来乡村工业化、乡村城镇化的老路，而应当是基于并彰显乡村自身的独特价值，实现"三农"要素的重新定位、组合和各种要素在城乡之间的双向流动（宋瑞，2017）。

3. 乡村旅游是实现乡村振兴的重要途径

乡村振兴要实现"产业兴旺、生态宜居、乡风文明、治理有效、生活富裕"的目标，必须选择具有持续增长性、综合带动力、城乡协同性和广泛包容性的产业作为支撑，而旅游显然是其中一个重要选择（宋瑞，2018）。

党的十九大提出了乡村振兴战略，随后印发的《乡村振兴战略规划（2018—2022年）》中明确提出休闲农业与乡村旅游精品工程是构建农村产业体系的重要工程，并进一步阐释了乡村旅游在传承乡村文化、保护乡村特色资源、发展壮大乡村产业、保护修复乡村生态等方面的积极作用。国家发展改革委、文化和旅游部等部门出台的《促进乡村旅游发展提质升级行动方案（2018年—2020年）》提出乡村旅游是新时代促进居民消费扩大升级、实施乡村振兴战略、推动高质量发展的重要途径，并围绕乡村旅游促进乡村振兴提质升级做出了若干部署。2021年中央一号文件中提出为巩固拓展脱贫攻坚成果、推进乡村振兴，要在做好生态保护的前提下发展乡村旅游。2022年的中央一号文件《中共中央 国务院关于做好2022年全面推进乡村振兴重点工作的意见》再次强调了乡村休闲旅游在促进农村一二三产业融合中的作用，鼓励大力发展乡村旅游业。2023年中央一号文件《中共中央 国务院关于做好2023年全面推进乡村振兴重点工作的意见》则明确要求"实施文化产业赋能乡村振兴计划。实施乡村休闲旅游精品工程，推动乡村民宿提质升级"。由此可见，乡村旅游作为党的十九大以来国家重点支持的发展领域，在推进乡村振兴中扮演着重要的角色。

20世纪80年代初至今，在政策、资本、需求等因素的共同推动下，中国乡村旅游从最早的"吃农家饭、住农家院"发展到现在包括现代农业、休闲农场、乡村酒店、主题民宿、艺术空间、乡村营地、农业庄园、乡土博物馆、古村落，以及由外国人在乡村经营的"洋家乐"和艺术家、文人经营的"艺家乐"等在内的复杂体系。目前的乡村旅游，既有传统的"吃农家饭、住农家院"，也有帐篷酒店、艺术创意、野奢度假等现代形式；既有农户小家的小本经营，也有大资本、大企业的专业投入。在一些地方还形成了"村支两委+村民""政府+公司+旅行社+农民旅游协会""政府+村委会+农户""外来企业经营""公司+农民专业合作组织"等各种模式。乡村旅游已形成极为丰富的产业业态、组织形态、生活状态和社会生态（宋瑞，2017）。

实践证明，乡村旅游的发展不仅能够提高农民收入、解决就业、改善生活，而且更重要的是，会引发人们对乡村价值的重新思考、对"三农"要素的重新组织和对城乡关系的重新定位。乡村，以其自身魅力吸引着越来越多的目光，各种资本、人力、知识、创意流向乡村。其中既有乡村主体对自身生存空间价值的自我觉醒，但更多的是来自外部的价值发现和价值利用。各种形态、各种样式、各种档次、各种风格的乡村旅游已然成为促进乡村发展、实现乡村振兴的重要途径。在乡村旅游的带动下，乡村环境改善，经济结构转变，业态不断提升，村民生活富裕，还推动了社会结构的变革和乡村治理方式的进步（宋瑞，2017）。可以预见，随着乡村旅游的发展，将有更多的人群到乡村休闲、度假、养老、创业。

（三）共同富裕

实现全体人民共同富裕是中国特色社会主义的本质要求。乡村作为中国经济社会发展的"洼地"，是推进共同富裕的短板弱项，亟须加以弥补。而乡村旅游在新的发展阶段中成为推动共同富裕的重要动力和现实路径。

1. 扎实推动全体人民共同富裕

摆脱贫困不是终点，而是新生活、新奋斗的起点。脱贫攻坚取得胜利后，解决发展不平衡不充分问题、缩小城乡区域发展差距、将发展成果更加公平地惠及全体人民、实现人的全面发展和全体人民共同富裕成为中国共产党的新要务。

"治国之道，富民为始。"共同富裕是自古以来中国人民的一个基本理想。从孔子的"不患寡而患不均，不患贫而患不安"，到孟子的"老吾老以及人之老，幼吾幼以及人之幼"，再到《礼记·礼运》中描绘的"小康"社会和"大同"社会的状态，都体现了中国人民对共同富裕的期盼。

共同富裕也是马克思主义的一个基本目标。为了实现这一目标，一代又一代中国共产党人坚持不懈地奋斗着。1953年12月，《中国共产党中央委员会关于发展农业生产合作社的决议》中就已提到"共同富裕"的概念。改革开放后，邓小平同志多次强调共同富裕，并指出"社会主义最大的优越性就是共同富裕，这是体现社会主义本质的一个东西"（邓小平，1993）。江泽民同志强调，"实现共同富裕是社会主义的根本原则和本质特征，绝不能动摇"（江泽民，2006）。胡锦涛同志强调，"使全体人民共享改革发展成果，使全体人民朝着共同富裕的方向稳步前进"（胡锦涛，2016）。

党的十八大以来，促进共同富裕进入新的历史阶段，共同富裕的理论和实践得以进一步丰富和发展。2017年10月，党的十九大报告中首次将全体人民共同富裕的社会主义本质具体化为奋斗目标，提出到2035年"全体人民共同富裕迈出坚实步伐"，并计划在21世纪中叶"全体人民共同富裕基本实现"。2020年10月，党的十九届五中全会审议通过的《中共中央关于制定国民经济和社会发展第十四个五年规划和二〇三五年远景目标的建议》，将"民生福祉达到新水平"列为"十四五"时期的主要目标之一，同时着眼于2035年基本实现社会主义现代化的远景目标，在文件中使用了"全体人民共同富裕取得更为明显的实质性进展""扎实推动共同富裕"等表述。2022年10月，党的二十大报告中将实现全体人民共同富裕纳入中国式现代化的本质要求，并对扎实推进共同富裕做出重要战略部署。

总之，共同富裕作为社会主义的本质要求和为人民谋幸福的着力点，是中国共产党矢志不渝的奋斗目标，也是当前中国社会发展必须正确认识和把握的重大理论与实践问题。

2. 乡村是共同富裕的短板弱项和优化空间

促进共同富裕，最艰巨最繁重的任务仍然在农村。改革开放以来，党和国家始终把"三农"工作摆在首要位置，将促进农民增收视为核心任务，并相继推出一系列强农惠农富农政策。1978—2020年，全国农村居民人均可支配收入以年均7.6%的速度增长，农村居民人均消费支出年均增长7.1%，农村居民的消费结构也从生存型逐渐向发展型乃至享受型过渡。尽管近年来中国农业农村发展取得显著成效，但城乡居民在多个方面都存在较大差距。

一方面，农村居民收入大幅度低于城镇居民的局面仍然存在。随着中国社会经济和其城市化水平的快速发展，乡村地区成为社会收入的"洼地"，全国大约有八成的低收入人口在乡村地区。另一方面，农村地区在基础设施和公共服务方面存在明显的不足。这包括基础设施建设滞后、道路建设不足、安全饮水供给不足、网络宽带不足，以及教育、医疗和其他公共服务资源配置不平衡。此外，农村居民的社会保障水平也低于城市居民，包括医保和基本养老保险水平。这些问题表明了农村地区与城镇之间的差距，需要持续关注和改善（徐向梅，2022）。

由此可见，实现全体人民共同富裕的短板弱项仍集中在农民和农村，推动全体人民共同富裕的主要工作在农村、在农民。缩小城乡差距对于实现全体人民共同富裕至关重要。

3. 乡村旅游是推进共同富裕的重要途径

旅游业作为富民产业，在未来实现共同富裕方面具有显著作用。乡村旅游作为农村新兴产业，有助于促进乡村的"三产"（农业、加工业、服务业）融合发展，实现"五生"（生产、生活、生态、生意、生命）的协调共进。这有助于激活乡村活力、延续乡土文化、提升乡村整体形象、促进乡村居民富裕，同时也有利于提升居民的生活品质和增加创业就业机会。因此，发展乡村旅游在推动共同富裕的征程中发挥了重要作用。

由于旅游活动是以旅游者的空间移动为基础，且乡村旅游通常为城镇中高收入群体购买乡村中低收入群体提供的产品和服务的活动，因而乡村旅游可以通过市场、技术、投资、人才、知识等外溢效应助力城乡融合发展，促进城乡共同富裕。一方面，乡村旅游蕴含着农民增收、农业增效的内在动能，能够将农业农村生态优势转化为经济优势，通过"农业、农村、农民+旅游"延长产业链条，从而带动资本积累、增加就业机会，缩小城乡居民收入差距，夯实共同富裕的物质基础；另一方面，乡村旅游也具有重要的文化效益，有助于深入挖掘优秀传统农耕文化和乡村本土文化，保护乡村文化景观，完善公共文化服务体系，提升农民文明素养，提高乡村社会文明程度，成为实现共同富裕的精神支柱。

由此可见，乡村旅游有助于促进城乡要素双向流动，在物质生活与精神生活方面推进城乡共同富裕，成为新发展阶段扎实推动共同富裕的重要动力和现实路径。

（四）中国式现代化

中国式现代化是人类历史上一种罕见的巨大历史变革。在中国式现代化进程中，最艰巨最繁重的任务在农村，最广泛最深厚的基础也在农村。乡村旅游作为横跨一二三产业、兼容生产生活生态、融通工农城乡的综合性产业，在促进农业提质增效、农村繁荣稳定、农民增收致富等方面具有重要作用，是实现"三农"现代化的重要途径。

1. 以中国式现代化全面推进中华民族伟大复兴

习近平总书记在庆祝中国共产党成立100周年大会上指出，"我们坚持和发展中国特色社会主义，推动物质文明、政治文明、精神文明、社会文明、生态文明协调发展，创造了中国式现代化新道路，创造了人类文明新形态"（习近平，2021）。党的二十大报告中提出："从现在起，中国共产党的中心任务就是团结带领全国各族人民全面建成社会主义现代化强国、实现第二个百年奋斗目标，以中国式现代化全面推进中华民族伟大复兴。"

"中国式现代化"是中国共产党百年现代化思想发展的最新成果。中华人民共和国成立后，以毛泽东同志为核心的党的第一代中央领导集体明确提出了"四个现代化"的战略目标，即"把我国建设成为一个具有现代农业、现代工业、现代国防和现代科学技术的社会主义强国"。在"四个现代化"战略设计的基础上，邓小平同志提出要"走出一条中国式的现代化道路"（邓小平，1983），"到21世纪中叶，人均国民生产总值达到中等发达国家水平，人民生活比较富裕，基本实现现代化"，从而开启了改革开放和社会主义现代化建设新时期。党的十八大以来，以习近平同志为核心的党中央多次对现代化建设做出新的战略部署，并在党的二十大报告中提出"以中国式现代化全面推进中华民族伟大复兴"的战略目标，进一步明确全面建成社会主义现代化强国的战略安排，即"从二〇二〇年到二〇三五年基本实现社会主义现代化；从二〇三五年到本世纪中叶把我国建成富强民主文明和谐美丽的社会主义现代化强国"。

从中国式现代化的"中国特色"来看，中国式现代化既有各国现代化的共同特征，更有基于自己国情的中国特色，是人口规模巨大的现代化，是全体人民共同富裕的现代化，是物质文明和精神文明相协调的现代化，是人与自然和谐共生的现代化，是走和平发展道路的现代化。从中国式现代化的"本质要求"来看，党的二十大报告中按照从"总体"到"五位一体"再到"共同体"的逻辑，系统阐释了中国式现代化的本质要求，包括坚持中国共产党领导，坚持中国特色社会主义，实现高质量发展，发展全过程人民民主，丰富人民精神世界，实现全体人民共同富裕，促进人与自然和谐共生，推动构建人类命运共同体，创造人类文明新形态。

2. "三农"现代化是中国式现代化的组成部分

党的二十大报告中指出，"全面建设社会主义现代化国家，最艰巨最繁重的任务仍然在农村"。没有农业现代化，没有农村繁荣富强，没有农民安居乐业，国家现代化是不完整、不全面、不牢固的（习近平，2022）。可见，"三农"问题是关系国计民生和中国式现代化建设全局的重大问题，加快推进"三农"现代化对于中国式现代化和中华民族伟大复兴具有重要意义。

纵观各国"三农"现代化历程，可以发现一个普遍规律，即先以推进农业现代化为重点，解决好"吃饭"问题；再以推进农村现代化为重点，缩小城乡发展差距；最后以农民现代化为重点，是全体人民共同实现现代化。早在中华人民共和国成立之初，以毛泽东同志为核心的党的第一代中央领导集体就已提出"四个现代化"的宏伟构想，而农业现代化正是其中的重要内容。经过多年的持续努力，中国农业现代化取得了丰硕成果，实现了中国人的饭碗牢牢端在自己手中的目标。21世纪初期，党对工农城乡关系做出重大调整，即工业反哺农业、城市支持乡村，旨在建设社会主义新农村，加快了农村现代化的步伐。进入新时代，党中央坚持把解决好"三农"问题作为全党工作的重中之重，并提出实施乡村振兴战略，强调农业农村现代化一体设计、一并推进，并强调不仅要实现物的现代化，更要实现人的现代化。

从中国式现代化的主要特征来看，必须夯实"三农"现代化这个重要支撑。第一，中国式现代化是人口规模巨大的现代化。当前中国农民群体规模巨大，尽管2022年年底中国的城镇化率已经达到65.22%，但仍有49104万人口生活在农村。在现代化进程中，如果有4亿多农村人口被落下，最终导致"一边是繁荣的城市、一边是凋敝的农村"，显然不符合我们党的执政宗旨和社会主义的本质要求。第二，中国式现代化是全体人民共同富裕的现代化。尽管中国先后出台了一系列缩小城乡差距与协调地区发展的政策，并取得了显著成效，但由于历史及外部性冲击等影响，2022年中国城乡收入差距仍然高达2.45倍。因此，必须把实现农民群体共同富裕摆在头等位置，在让广大农民平等参与现代化进程、共同分享现代化成果的同时，着力缩小地区、城乡和群体收入差距，实现共同富裕。第三，中国式现代化是物质文明与精神文明相协调的现代化。中华民族五千多年文明史的源头在农村、主体在农村，农村作为延续千年的聚落形态，保留并承载着老宅大院、历史遗址、美丽传说、手工技艺以及各种农耕文化、饮食文化和民俗活动在内的乡土文化，是一种包含了农业生产、农民生活、农村风貌的综合性文化价值体，具备不可替代的人文价值，因而有必要促进以农民为主体的乡土社会的多元文化融入精神文明。第四，中国式现代化是人与自然和谐共生的现代化。农村是践行"绿水青山就是金山银山"的理念的重点领域,而且中国国土总面积的90%以上都是农村,因此农业的绿色发展、农民的绿色生活以及农村的旅游建设对于构建绿色中国至关重要。第五,中国式现代化是走和平发展道路的现代化。只有把农业发展视为国家发展的头等大事,全方位夯实粮食安全根基,把饭碗牢牢端在自己手中,解决好14多亿人口的吃饭问题,方能为中国式现代化的和平发展道路奠定坚实基础。

从中国式现代化的本质要求来看,中国式现代化离不开"三农"现代化。中国式现代化"五位一体"的本质要求,即"实现高质量发展、发展全过程人民民主、丰富人民精神世界、实现全体人民共同富裕、促进人与自然和谐共生",涉及经济、政治、文化、社会、生态各领域的建设和发展。首先,中国式现代化在经济领域要求实现高质量发展。农村作为高质量发展的重要领域,其高质量发展既是破解"三农"发展系列难题的必然要求,也是实现"三农"现代化的必由之路,必须以全面推进乡村振兴为总抓手,夯实乡村振兴的产业基础,实现乡村就地化发展。其次,中国式现代化在政治领域要求发展全过程人民民主。具体到"三农"领域,中国式现代化的主体是农民,没有农民的现代化就没有农业农村的现代化,必须要以尊重广大农民主体地位为基本导向,最大限度地发挥农民在乡村振兴中的主体性作用。再次,中国式现代化在文化领域要求丰富人民精神世界。在中国广袤的农村大地上,千年传承的农耕文明深深地浸润其中,形成了丰富多彩的文化遗产和民俗风情,有必要深入挖掘、继承、创新传统优秀乡土文化,促进以农民为主体的乡土社会的多元文化融入精神文明,赋予中国式现代化以深厚的文化底蕴。复次,中国式现代化在社会领域要求实现全体人民共同富裕。全体人民共同富裕的主要工作在农村、在农民,这体现为城乡居民可支配收入的差距过大,以及城乡在基础设施、公共服务、教育医疗、社会保障等方面的明显差距,因此只有着力增加农民收入、缩小城乡差距，才能有效推进共同富裕。最后，中国式现代化在生态文明领域要求促进人与自然和谐共生。产业生态化和生态产业化是人与自然和谐共生的重要体现，而这在城市较难实现，恰是农村地区能够让中国式现代化人与自然和谐共生的独有特点和独特优势得到淋漓尽致的体现。

3. 乡村旅游是实现"三农"现代化的有力抓手

在全面建成社会主义现代化强国和实现第二个百年奋斗目标的新征程中，最艰巨最繁重的任务是在农村，最广泛最深厚的基础是在农村。作为横跨一二三产业、兼容生产生活生态、融通工农城乡的综合性产业，乡村旅游是解决"三农"问题、推进乡村振兴战略的重要抓手和可行路径，肩负着实现"三农"现代化的重要使命，在农业农村全面进步和农民全面发展等方面具有重要作用。

一是乡村旅游能够推动乡村高质量发展。乡村旅游作为乡村特色产业，可以从促进农业就地转型升级、农民就地就业创业和农村就地城镇化等方面助力乡村高质量发展。二是乡村旅游能够保障农民主体地位。乡村旅游作为乡村振兴的重要途径，应从个体主体性和组织主体性两个层面有效保障农民的主体作用。三是乡村旅游能够丰富人民精神世界，具有承载乡土文化精神内涵、向内筑牢乡土文化和向外传递乡土文化等多重作用。四是乡村旅游能够增进乡村民生福祉。乡村旅游作为富民产业，在增加农民收入、缩小城乡差距等方面具有重要作用。五是乡村旅游能够推动乡村绿色发展。乡村旅游作为推进绿色兴农与农业发展绿色转型的重要载体，在激活乡村生态价值和改善乡村生态环境等方面具有独特优势，为推进人与自然和谐共生提供良好样板。总之，乡村旅游作为全面推进乡村振兴战略的有力抓手，是在"三农"领域推进中国式现代化的有效路径，其价值意蕴和功能定位与中国式现代化"五位一体"的本质要求相呼应。

（五）小结

随着国民经济的稳步增长，中国旅游业全面进入大众旅游时代，大众群体的休闲度假旅游需求以及旅游消费升级需求推动了乡村旅游的加速发展和变革，乡村旅游已然成为新时代国内旅游消费的"主阵地"。党的十八大以来，为实现中华民族伟大复兴的中国梦，党中央先后提出"乡村振兴""共同富裕"等发展战略，而乡村旅游作为实现上述目标的有力抓手和重要途径，其重要作用日益受到关注和认可。党的二十大报告中进一步指出，要"以中国式现代化全面推进中华民族伟大复兴"，乡村旅游作为"三农"现代化的有力抓手，在农业农村全面进步和农民全面发展方面将发挥更大作用。

二 乡村旅游发展的研究述评

近年来，随着中国社会经济的快速发展和城市化进程的加速推进，乡村旅游日渐成为城市居民亲近自然、放松身心、体验农村文化及生活方式的重要路径。因而，乡村旅游现已成为中国旅游业的重要构成，且在乡村振兴战略助推下进一步繁荣发展。在此背景下，乡村旅游已成为中国旅游研究领域的重要主题。以"旅游"为主题，在中国知网平台进行搜索，发现引用量排名前10的期刊文献，其中有7篇为乡村旅游主题，由此可见，乡村旅游已成为中国旅游研究的热点领域。在此我们通过系统梳理文献，对中国乡村旅游研究历程及研究主要内容进行综述，旨在为后续研究提供参考。

（一）研究进程

1. 简要回顾

为了解中国乡村旅游研究进程，我们以中国知网（CNKI）收录的文献作为分析资料，以"乡村旅游"为主题进行检索，截至2023年10月11日，共检索出51852条结果，其中，学术期刊论文、硕士学位论文、报纸文章、博士学位论文的文献数量分别为31905篇、10477篇、8176篇、286篇。这充分说明中国乡村旅游研究成果之丰硕。

学术刊物既是刊载学术研究成果的载体，也是传播学术思想的重要途径，因此，我们对乡村旅游文献进行的综述，主要聚焦于期刊文献。首先，我们统计了各年份乡村旅游文献数量（见图2-1）。可见，发文量最多的是2019年，达3664篇。其中，检索出最早的一篇文献是由凌申撰写的《论我国乡村旅游资源的开发》，发表于1990年的《农业现代化研究》。根据历年发文量，可将中国乡村旅游研究进程划分为四个阶段：1990—2005年为起步阶段，该阶段研究成果数量不多，年均发文量为18篇；2006—2013年、2014—2019年分别为缓慢增长阶段、快速增长阶段，年均发文分别为777篇、3305篇，分别是第一阶段的43倍、184倍；2020年及以后为成熟阶段，该阶段研究文献数量较上一阶段略微下滑，平均发文数量为3088篇，仍维持在较高水平。

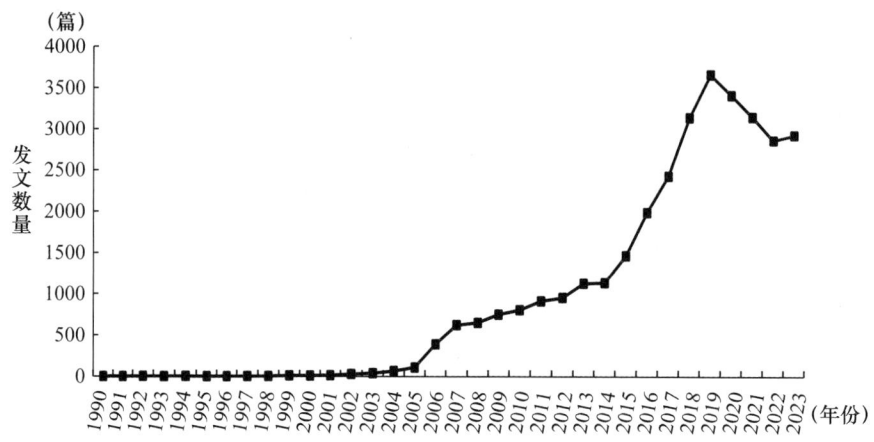

图2-1　1990—2023年我国乡村旅游研究文献（期刊）

注：2023年数据为预测数据。

为了进一步聚焦于高质量研究成果，我们又单独统计了发表于核心期刊、CSSCI期刊的乡村旅游文献数量，并绘制了历年变化图（见图2-2）。可见，乡村旅游高质量研究成果数量整体呈增加趋势。其中，最早的一篇文章为杨旭的《开发"乡村旅游"势在必行》，发表于1992年的《旅游学刊》。

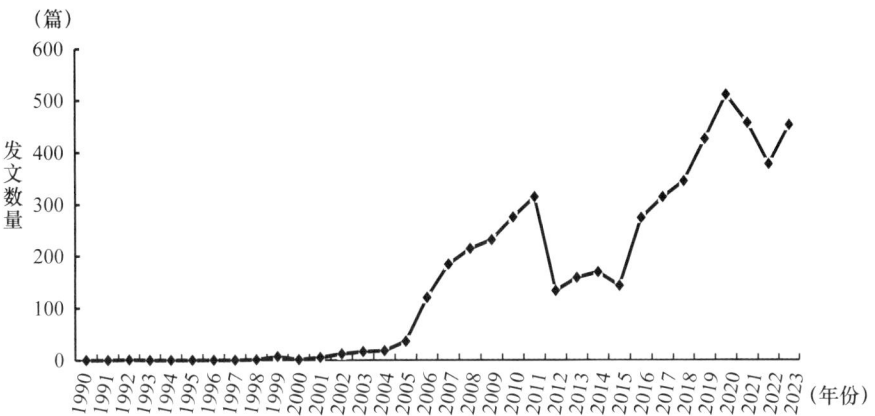

图 2-2　1990—2023 年我国乡村旅游 CSSCI 期刊、核心期刊文献

注：2023 年数据为预测数据。

2. 主要期刊来源

为了解乡村旅游文献刊载的期刊来源，在此仅以 CSSCI 期刊文献为分析对象，统计发文数量排名前 10 的期刊，如图 2-3 所示。整体来看，排名前 10 的期刊共发表乡村旅游文献 628 篇，其中《旅游学刊》发文数量最多，达 263 篇，占比高达 37.6%，说明《旅游学刊》已成为刊载、传播乡村旅游研究成果的核心渠道。再者，《旅游科学》《旅游论坛》这两本旅游主题类刊物也是刊载乡村旅游文献的重要载体。此外，乡村旅游研究也较多刊载在地理学刊物、经济学刊物上，如《地域研究与开发》《资源开发与市场》《生态经济》等。

3. 代表性研究成果

在中国旅游学者的持续努力下，现阶段已积累了一大批乡村旅游研究成果，这为构建乡村旅游知识体系与理论体系、指导行业实践发展提供了重要支撑。进一步梳理、统计相关文献引用数据来看，发现共有 7 篇乡村旅游主题文献引用量超 1000 次，涉及乡村旅游概念、可持续发展、开发模式、研究综述等议题；有 14 篇、80 篇、227 篇文献的引用频次分别在 [500,

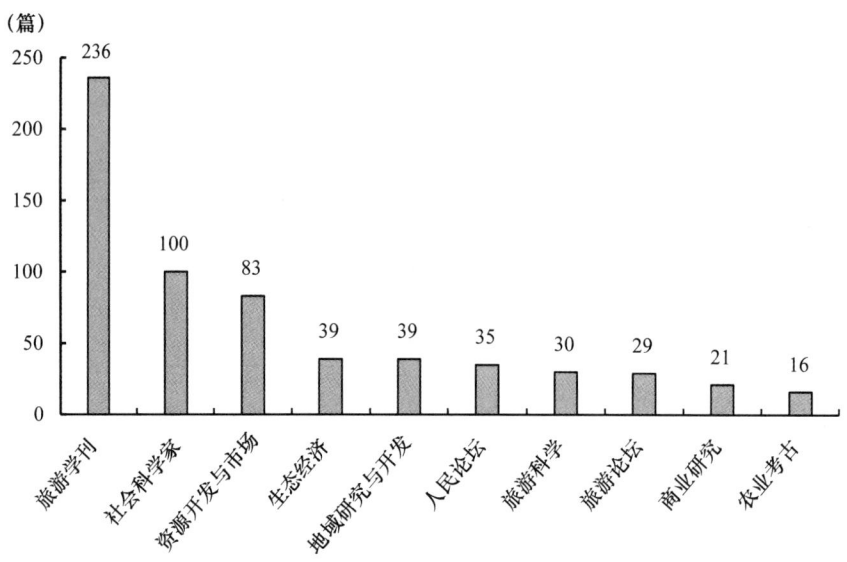

图 2-3 刊载乡村旅游文献数量排名前 10 的 CSSCI 期刊

1000)、[200, 500)、[100, 200) 区间, 说明乡村旅游研究知识溢出效应明显。表 2-1 列出了引用频次排名前 30 的文献相关信息。这些文献绝大部分发表于核心期刊和 CSSCI 期刊, 研究主题涵盖乡村旅游概念、现状、可持续发展、开发模式、发展模式、研究述评、国际经验等方面。这些高质量、高影响力文献, 对推进中国乡村旅游研究进程、促进乡村旅游研究知识体系构建的重要性不言而喻。

表 2-1　　中国乡村旅游研究中引用频次排名前 30 的文献

排序	文献名称	期刊名称	期刊类型	发表年份	被引频次
1	关于"乡村旅游"概念的探讨	西南师范大学学报（人文社会科学版）	CSSCI、北大核心	2002	1700
2	关于乡村旅游可持续发展的思考	旅游学刊	CSSCI、北大核心	1999	1409
3	从中外乡村旅游的现状对比看我国乡村旅游的未来	旅游学刊	CSSCI、北大核心	1999	1403

续表

排序	文献名称	期刊名称	期刊类型	发表年份	被引频次
4	国外乡村旅游研究述评	旅游学刊	CSSCI、北大核心	2003	1250
5	关于乡村旅游、农业旅游与民俗旅游的几点辨析	旅游学刊	CSSCI、北大核心	2006	1188
6	参与式乡村旅游开发模式探讨	旅游学刊	CSSCI、北大核心	2004	1188
7	中国乡村旅游发展综述	地理科学进展	CSSCI、北大核心	2010	1147
8	论乡村旅游的概念和类型	旅游科学	CSSCI、北大核心	2001	932
9	我国乡村旅游可持续发展问题与对策研究	经济地理	CSSCI、北大核心	2004	861
10	新型城镇化背景下的乡村旅游发展——理论反思与困境突破	地理研究	CSSCI、北大核心	2015	850
11	中国乡村旅游发展模式研究——成都农家乐与北京民俗村的比较与对策分析	旅游学刊	CSSCI、北大核心	2005	706
12	国际乡村旅游发展的政策经验与借鉴	旅游学刊	CSSCI、北大核心	2002	693
13	乡村旅游引导乡村振兴的研究框架与展望	地理研究	CSSCI、北大核心	2019	638
14	乡村意象与乡村旅游开发刍议	地域研究与开发	北大核心	1999	618
15	我国乡村旅游的起源、现状及其发展趋势探讨	北京第二外国语学院学报	—	2001	568
16	乡村旅游与农村经济互动持续发展模式与对策探析	人文地理	CSSCI、北大核心	2005	534
17	基于旅游系统理论的中国乡村旅游发展模式探讨	地理研究	CSSCI、北大核心	2012	511
18	国内外乡村旅游研究热点——近20年文献回顾	资源科学	CSSCI、北大核心	2014	504
19	中国乡村旅游发展路径及模式——以成都乡村旅游发展模式为例	经济地理	CSSCI、北大核心	2007	498
20	中国乡村旅游发展的新形态和新模式	旅游学刊	CSSCI、北大核心	2006	487

续表

排序	文献名称	期刊名称	期刊类型	发表年份	被引频次
21	开发"乡村旅游"势在必行	旅游学刊	CSSCI、北大核心	1992	435
22	乡村旅游的本质回归：乡村性的认知与保护	中国人口·资源与环境	CSSCI、北大核心	2012	419
23	国外乡村旅游研究综述	旅游科学	CSSCI、北大核心	2007	393
24	中国与国外乡村旅游发展模式比较研究	江西科技师范学院学报	—	2006	383
25	国内乡村旅游研究：蓬勃发展而有待深入	旅游学刊	CSSCI、北大核心	2004	380
26	乡村旅游发展对农户生计的影响——以秦岭北麓乡村旅游地为例	经济地理	CSSCI、北大核心	2014	373
27	乡村旅游研究综述	北京第二外国语学院学报	—	2006	369
28	乡村振兴—乡村旅游系统耦合机制与协调发展研究——以湖南凤凰县为例	地理研究	CSSCI、北大核心	2019	356
29	乡村文化与乡村旅游开发	经济地理	CSSCI、北大核心	2007	351
30	开发我国乡村旅游的新思路	旅游学刊	CSSCI、北大核心	2004	351

注：资料整理时间为2023年10月11日。

（二）态势特征

1. 主题变动趋势

为了解中国乡村旅游研究主题变化趋势，在此将中国乡村旅游研究历程划分为2005年及以前、2006—2013年、2014—2018年、2019年至今四个研究阶段，通过中国知网文献计量可视化分析绘制各阶段关键词共线网络图谱（见图2-4至图2-7），并对各阶段研究重点进行简要分析。

从图 2-4 来看，2005 年及以前，乡村旅游研究主题的 CSSCI 期刊和核心期刊文献共有 96 篇，其核心关键词涉及乡村地区、乡村旅游产品、乡村性、开发模式、乡村旅游资源、社区参与、乡村发展等。可见，该阶段聚焦于探讨乡村旅游基本内涵、乡村旅游发展思路与开发模式、乡村旅游产品设计等主题。整体而言，该研究时期研究成果积累不多，以定性分析和应用研究为主，着重于现状分析、对策研究，定量研究相对缺乏。

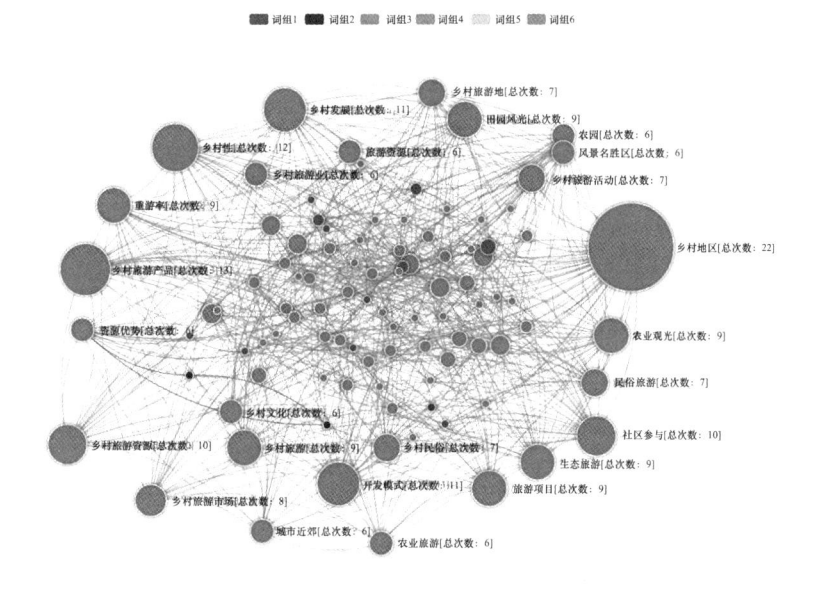

图 2-4　2005 年及以前乡村旅游关键词共线网络图

2006—2013 年，乡村旅游研究主题的 CSSCI 期刊和核心期刊文献共有 1629 篇，在此遴选引用量排名前 200 的文献并绘制关键词共线网络图①（见图 2-5）。该研究时期，排名靠前的关键词包括乡村旅游、社区参与、乡村旅游开发、乡村性、

---

① 图 2-6、图 2-7 也是遴选引用量排名前 200 的文献绘制关键词共线网络图。

乡村旅游地、乡村文化、乡村发展、国家旅游局、乡村旅游资源、旅游社区、乡村旅游业、农业旅游、旅游体验、旅游主题、开发模式等。总体来看，该阶段研究主题及内容较上一时期明显深化和多元，除持续关注乡村旅游开发、可持续发展等主题外，开始转向对乡村旅游动力机制、乡村旅游社区、乡村旅游利益相关者、乡村旅游空间结构、乡村旅游农户生计等的探索。这一时期，开始关注实证研究，注重定性分析与定量研究相结合。研究方法方面，结构方程模型、因子分析等关键词开始出现。

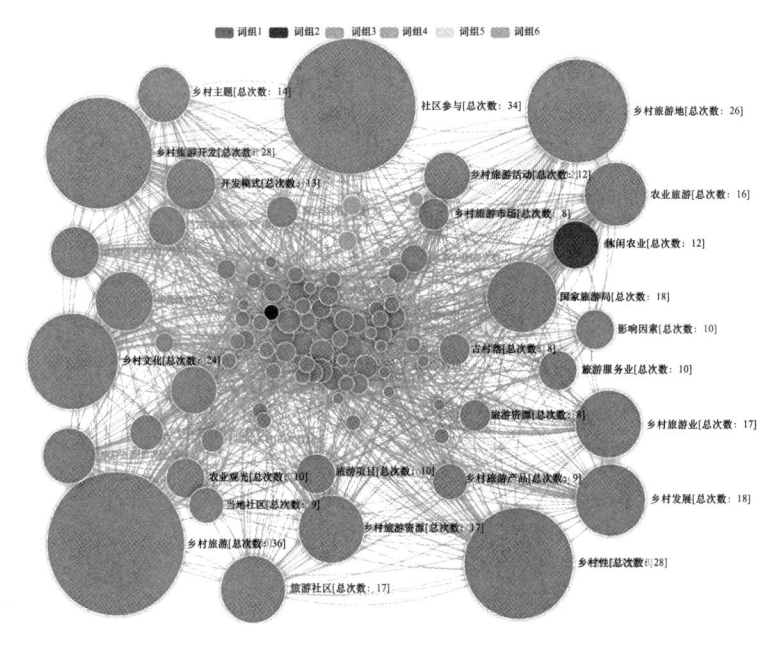

图 2-5 2006—2013 年乡村旅游关键词共线网络图

2014—2018 年，乡村旅游研究主题的 CSSCI 期刊和核心期刊文献共有 1245 篇，其绘制的关键词共线网络图详见图 2-6。该研究时期，排名靠前的关键词包括乡村旅游、乡村发展、乡村文化、旅游体验、休闲农业、乡村旅游地、乡村旅游开发、乡村旅游资源、产业融合发展、旅游扶贫、影响因素等。在该阶段，新兴研究主题如乡村旅游扶贫模式及路径、乡村旅游与乡村振兴、乡村旅游融合、乡村旅游优化升级、乡村游客感知形象及满意度等引发热烈讨论。此外，层次分析法、指标体系等关键词也得以凸显，说明该研究时期定量研究成果涌现。

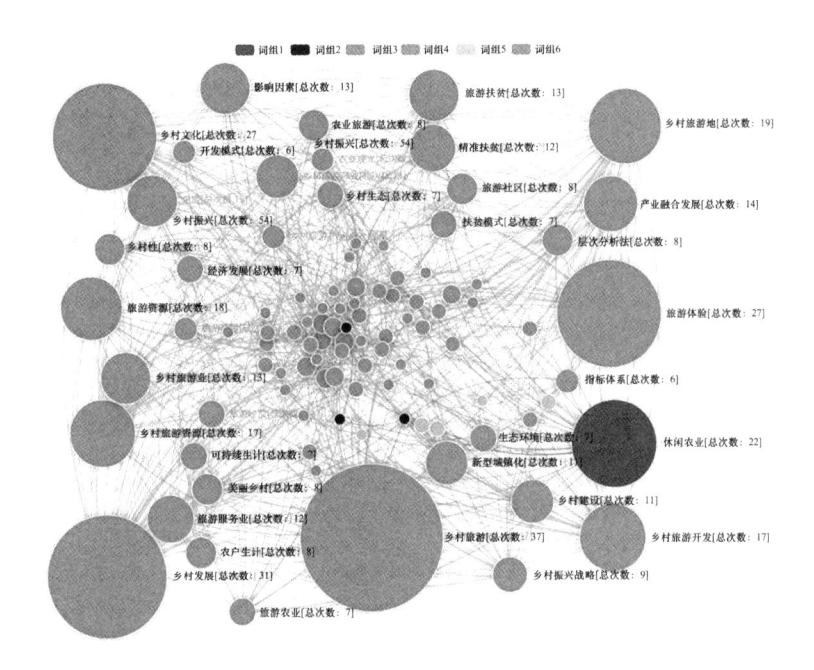

图 2-6 2014—2018 年乡村旅游关键词共线网络图

2019 年至今，研究乡村旅游的 CSSCI 期刊和核心期刊文献共计 2088 篇。该研究阶段，涉及的重要关键词包括乡村振兴、乡村地区、乡村发展、乡村文化、可持续发展、休闲农业、乡村旅游地、乡村旅游产业、乡村旅游产品等。在该阶段，乡村振兴、乡村旅游发展或高质量发展、旅游扶贫、文旅融合等内容为重点观照领域。

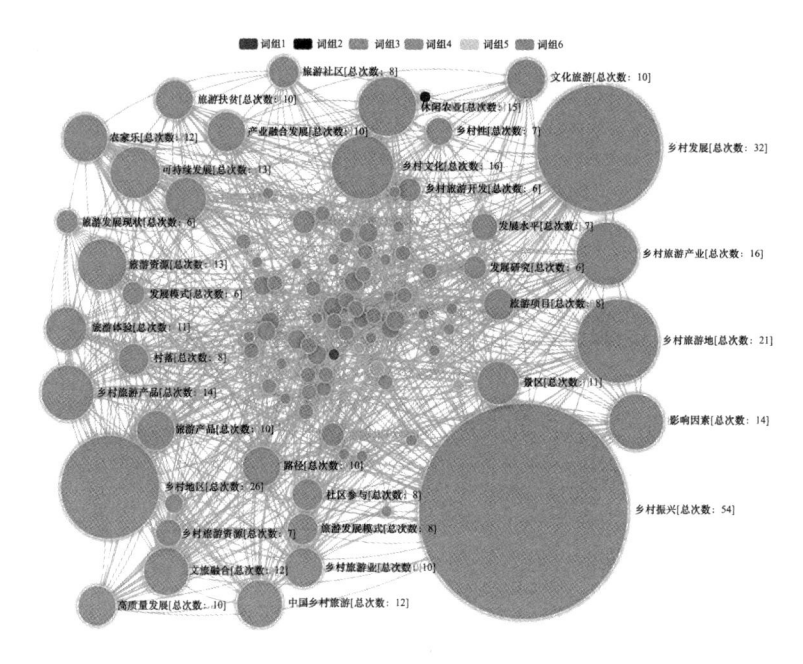

图 2-7　2019 年至今乡村旅游关键词共线网络图

2. 总体研究特征

结合上述分析，可以看出，中国乡村旅游研究具有如下几个特征。

一是研究主题呈现出明显的"传承"特征。四个研究时期，乡村旅游、乡村发展、社区参与、乡村旅游资源等关键词出现频度均较高，说明乡村旅游开发、乡村旅游发展模式、社区居民等主题均是各研究时期的重点关注议题。

二是研究主题展现出明显的"扩展"特征。随着乡村旅游研究进程的演进，研究主题日益丰富、关注点不断细化。这可从关键词数量及变动情况窥见。各研究阶段持续涌现新兴关键词，反映出一些乡村旅游研究主题进入研究者视野、引发关注。

三是研究主题紧跟时代步伐与国家政策。具体表现为研究内容具有鲜明的政策导向性和时代背景特征，例如，在乡村振兴战略大背景下，乡村旅游与乡村振兴这一研究议题成为 2014 年及以后的核心研究主题，相关文献数量快速增长。在新型城镇化、文旅融合等国家政策助推下，新型城镇化背景下乡村旅游发展模式、乡村旅游与新型城镇化耦合发展、文旅融合推动乡村高质量发展等议题引发讨论。

四是研究内容凸显人文关怀。乡村旅游研究围绕"人"与"自然"两个要素展开。在"人"的方面，研究关注社区居民和游客两大核心群体，着重关注乡村社区农户生计、利益和福祉，探究乡村旅游对社区居民生活和幸福感的影响，也深入探究乡村游客的旅游动机、意向、体验满意度等问题。在"自然"方面，重点关注乡村旅游可持续发展。乡村旅游发展依赖于乡村的自然和人文环境，因此探究乡村资源及传统保护等议题也引起关注。

（三）核心议题

梳理中国乡村旅游的相关研究可见，乡村旅游概念及内涵、乡村旅游发展、乡村旅游开发、乡村旅游体验、社区参与乡村旅游以及其他议题备受关注。

1. 乡村旅游概念及内涵

"乡村旅游是什么"这一基础问题一直引发国内学者关注，特别是在研究初期引发热烈讨论。相关研究重点涉及乡村旅游内涵、核心吸引力、与其他类别旅游的差异等方面。

具体来看，各位学者对乡村旅游进行界定时各有侧重。例如，杜江和向萍强调以都市居民为目标市场（杜江、向萍，1999），肖佑兴等指出可利用城乡差异来规划设计和组合产品等（肖佑兴等，2001）。此外，有学者认为，乡村性是界定乡村旅游的最重要标志（何景明、李立华，2002），乡村景观意象和乡村文化意象组成的乡村意象揭示乡村整体氛围（熊凯，1999），因而乡村性与其所决定的乡村意象共同构成了乡村旅游的核心吸引力（尤海涛等，2012）。而黄震方等认为，除了乡村性，乡村旅游的基本特性还包括游憩性，强调乡村开展游览、体验和休闲活动的特性（黄震方等，2021）。也有学者强调乡村旅游的文化特性，关注乡村深厚淳朴的传统文化和宁静自然的田园生态文化（李伟，2002）。而刘德谦认为，乡村旅游的核心内容应该是乡村风情，可进一步细化为风土、风物、风俗、风景四个部分（刘德谦，2006）。进一步，有学者提炼出不同乡村旅游界定方式具备的共同特征。林刚和石培基总结发现，已有研究界定乡村旅游常用如下标准：乡村地域为依托、乡村田园风情为吸引、农业生产活动为吸引、民俗文化为吸引、农家生活体验为吸引、休闲观光游览度假活动（林刚、石培基，2006）。而卢小丽等归纳了国内外学者界定乡村旅游的几个共用指标，分别是可持续发展、城市居民为主要客源市场、以乡村环境为基础、乡村物质和非物质文化遗产、乡村自然风景、乡村农业活动、休闲/学习等（卢小丽等，2017）。由此可见，虽然目前学界对乡村旅游内涵的认知尚未达成一致意见，但基本一致认同乡村旅游发生于乡村地区，强调乡村性及乡村文化在乡村旅游发展中的重要作用。

此外，也有学者探究乡村旅游与其他类别旅游的联系和差异。如何景明和李立华认为农业旅游是乡村旅游的分支（何景明、李立华，2022）。刘德谦认为，民俗旅游与乡村旅游存在交叉，乡村民俗旅游是乡村旅游内容的构成，且农业旅游侧重于反映乡村旅游中与生产关系比较密切的部分，不完全等同于乡村旅游（刘德谦，2006）。卢小丽等总结指出，以乡村环境为基础的活动、乡村物质和非物质文化遗产、休闲/学习三个标准是区分乡村旅游与其他具有相似旅游形式的核心指标（卢小丽等，2017）。

2. 乡村旅游发展

在乡村旅游发展动力机制方面，学者围绕供给、需求等多维要素展开分析。叶红以成都市为分析案例，认为乡村旅游的动力机制包括市场需求拉动、供给推动、政府驱动和营销促进（叶红，2007）。刘涛、徐福英基于推拉理论，认为新农村建设中乡村旅游发展内力包括农民增收、农村就业和农业现代化压力，外力包括市场拉动和政府、要素推动等（刘涛、徐福英，2010）。此外，也有学者认为我国乡村旅游的核心驱动力涉及经济、交通、环境三个方面（苏飞、王中华，2020），强调资源特色始终是乡村旅游的发展基础，因而必须尊重、保护乡土文化，以此维护乡村旅游的吸引力和竞争力（王莹、许晓晓，2015）。

在乡村旅游发展模式方面，学者基于不同案例地展开分析，提炼出"二模式""三模式""五模式""七模式"等不同类别。例如，邹统钎认为中国乡村旅游包括农村依托型、农田依托型、农园依托型三种类型（邹统钎，2005）；郑群明和钟林生归纳出参与式乡村旅游开发的五类模式（郑群明、钟林生，2004）。郭焕成和韩非把乡村旅游发展模式划分为田园农业旅游、民俗风情旅游、农家乐旅游等七个类别（郭焕成、韩非，2010）。王慧认为，旅游扶贫背景下乡村旅游开发可细化为人、自然和旅游三位一体的"立体化"模式和"政府扶持，农旅互助"模式两大类（王慧，2017）。此外，也有学者探讨了基于自然景观的乡村旅游发展模式（李巧玲，2016）、乡村旅游内生式开发模式等（周永广等，2009）。总的来看，国内学者在总结乡村旅游发展模式时，多从参与主体、依托资源等维度展开讨论。

在乡村旅游可持续发展方面，学者围绕其现状、存在问题、对策、路径等进行了探究。例如，杜江和向萍认为乡村旅游发展的可持续性包括生态、社会和文化、经济的可持续性（杜江、向萍，1999）。周玲强等对其展开分析（周玲强、黄祖辉，2004；任世国，2015）。此外，环境和文化保护也是乡村旅游可持续发展中需要解决的核心问题。吴必虎认为，中国文化景观的根本在乡村，这既是传统村落保护的首要原因，也是传统村落旅游价值的牢固根基（吴必虎，2016）。也有学者从利益相关者视角进行了探究，如胡文海分析了乡村旅游开发过程中当地政府、社区居民、旅游企业、旅游者的利益诉求和冲突（胡文海，2008）。古红梅认为，乡村旅游的可持续发展在于构建合理的利益分享机制、关注各方利益诉求、强调对弱势群体进行增权等（古红梅，2012）。

在探讨政府职能和作用方面，有学者认为乡村旅游是一种新型的公共产品，需要加大政府扶持力度（单新萍、魏小安，2008），政府应当在制度、组织、职务等方面加大作为（王瑛，2011）。而张洪研究表明，乡村旅游发展过程中存在"政府失灵"现象，主要表现在政府职能缺位和角色错位两大方面，他进一步提出了，政府在乡村旅游不同阶段承担的角色存在差异，是初始阶段的开拓者、成长阶段的规范者、成熟阶段的协调者（张洪，2008）。

3. 乡村旅游开发

一方面，学者围绕乡村旅游资源展开探讨。主要探究乡村旅游资源的利用及管理，涵盖如何挖掘、评估、开发乡村旅游资源，提升乡村旅游资源价值等方面。代表性研究成果如下：在乡村旅游资源开发上，尹振华认为，乡村旅游资源开发既要凸显农耕文化，也要与现代文化"和谐相融"，使用亦农亦旅、农旅结合的复合型开发策略（尹振华，2004）。杨瑜婷等构建了居民—开发商演化博弈模型，探讨了合作双方在乡村旅游资源开发过程中的合作路径演化等（杨瑜婷等，2018）。也有学者探究了乡村旅游资源开发和共同富裕的内在联系，认为乡村旅游在助力减贫、促进社会公平和满足精神文化需求等方面具有贡献，充分契合共同富裕的实现进程（孙九霞等，2023）。在乡村旅游资源评价上，众多学者采取层次分析法，或是将层次分析法与模糊综合评价法有效结合，通过构建指标体系对不同地区展开分析。例如，尹占娥等基于资源条件、开发条件和旅游条件构建了上海乡村旅游资源评价体系（尹占娥等，2007）。唐黎和刘茜基于乡村旅游资源价值、环境氛围、开发条件三个维度构建了乡村旅游资源评价体系等（唐黎、刘茜，2014）。

另一方面，学者围绕乡村旅游产品展开研究，涉及产品开发与设计、供需特征和品牌建设等方面。潘秋玲较早分析了乡村旅游产品的供需特征及存在问题（潘秋玲，1999）。毛勇认为乡村旅游产品可以划分为核心产品、辅助产品和扩张产品等三个层次（毛勇，2009）。刘承良和吕军把国内乡村旅游产品开发归纳为古乡村聚落旅游、观光农业园建设、"农家乐"形式等类别（刘承良、吕军，2006）。也有学者指出，乡村旅游开发应该与生态文明建设融合发展（许黎等，2017），关注乡村旅游发展过程中的文化传统传承等内容（林锦屏等，2005）。也有学者认为，在全域旅游视域下，应打造基于农业、林业、渔业、文创产业、休闲度假、养生养老等的"六业"乡村旅游产品体系，促进乡村社会经济协调发展（孟秋莉、邓爱民，2016）。可见，做好乡村旅游产品开发与升级工作，既要考虑乡村游客需求，也要结合各地文化传统与自然风光，打造系列产品体系，以满足乡村游客的多元需求，助推乡村旅游高质量发展。

4. 乡村旅游体验

该主题主要关注乡村游客及其旅游体验，具体包括乡村旅游动机与意向、对乡村旅游目的地的认知及满意度、乡村旅游者主观幸福感等内容。

其一，关注乡村游客的旅游动机及其旅游意向。在乡村旅游动机方面，黄洁认为，"乡土情结"是引发乡村旅游的根本动机，中国人的"土地情结"和"家情结"引发乡村旅游活动（黄洁，2003）。胡绿俊和文军研究发现，乡村旅游动机由主到次为"缓解压力""交际""求知"和"怀旧"（胡绿俊、文军，2009）。也有研究表明，乡村文化是产生乡村旅游的直接动因（张艳、张勇，2007）。由此可知，游客乡村旅游动机多元。在乡村旅游意向方面，郭倩倩等通过计划行为理论，研究发现情感性态度和工具性态度、外部压力和个人规范、自我效能感和便利认知对旅游者参与乡村旅游的意向存在显著的正向影响（郭倩倩等，2013）。张圆刚研究发现，乡村旅游地情感认同是影响乡村旅游行为意向的重要因素（张圆刚等，2017），他们团队2021年进一步发现，自我印象一致因素对乡村旅游者游憩行为意向的影响最大，其次才为地方情感等（黄震芳等，2021）。

其二，关注乡村游客偏好、旅游满意度及旅游体验。众多研究表明，乡村旅游中游客总体满意度较高（张春琳，2012；周杨等，2016），整体旅游体验质量较好（王蓉等，2019）。部分研究关注乡村旅游满意度的影响因素，研究表明参与旅游的方式、特色旅游项目、住宿选择、整体环境、性价比等因素显著影响乡村游客满意度（尹燕、周应恒，2013）。而粟路军和黄福才研究发现，服务公平性是旅游者满意的直接前因变量，且通过消费情感、旅游者满意对旅游者忠诚产生间接影响（粟路军、黄福才，2010）。朱学同等关注乡村旅游者的环境责任行为，发现感知价值和地方依恋感是乡村旅游者环境责任行为的重要影响因素等（朱学同等，2020）。

也有少数学者关注乡村游客的旅游幸福感，证实了怀旧情感在乡村旅游体验和幸福感中的积极作用（余润哲等，2022），也发现了乡村旅游体验的形成过程中，乡愁是形成主观幸福感的关键因素，因此在旅游开发过程中"要让居民望得见山，看得见水，记得住乡愁"。

5. 乡村旅游社区参与

该主题深入探讨了社区居民参与乡村旅游程度、对乡村旅游的认同度、社区居民获益情况及幸福感等内容。

其一,研究者关注了当地居民参与乡村旅游的程度和积极性。陈志永等以贵州龙屯堡文化村为研究个案,证实了当地居民参与乡村旅游在保护及传承乡村传统文化、改善乡村环境、提升乡村旅游知名度等方面具有多维价值(陈志永等,2007)。杜宗斌和苏勤研究发现,社区居民参与乡村旅游显著正向影响其社区归属感(杜宗斌、苏勤,2011)。而孙九霞分析发现,当地农民参与乡村旅游积极性高、参与度低,乡村旅游要实现可持续发展,必须解决制度框架下的政策关照和农民自身能力成长等方面的问题(孙九霞,2006)。

其二,研究者探究了乡村旅游地农户生计问题。相关研究表明,乡村旅游开发促使农户生计策略由传统农业生计方式向新型旅游经营主导生计转型(陈佳等,2017),这有利于农户生计资本的积累和提升(孔祥智等,2008)。可见,乡村旅游深刻改变了农户传统的生计组合模式,改善了农户原有生计环境(贺爱琳等,2014)。在乡村旅游具体生计效果方面,席建超、张楠总结发现乡村旅游聚落形成旅游主导型和兼业型两种生计模式,且旅游主导型生计模式在生计资本、策略及后果方面表现更好(席建超、张楠,2016)。此外,也有学者关注乡村旅游对农户生计的负面影响,发现乡村旅游对当地社会—生态系统形成全面扰动和冲击,农户生计脆弱度整体处于中高水平(蔡晶晶、吴希,2018)。

其三,研究者还探究了乡村旅游对社区居民幸福感及福祉的影响。学者围绕乡村旅游是否提升社区居民幸福感和生活质量这一议题展开了分析。有研究认为乡村旅游能显著提高农村居民幸福感(蔡定昆、许小帆,2024),有研究则发现乡村旅游在当地文化保护、知名度提升、基础设施改善等方面具有较大作用,而对个人利益方面增项并不显著(叶小青、朱跃波,2020)。此外,在乡村旅游居民主观幸福感影响机制方面,李燕琴等研究表明,旅游感知价值与价值观对旅游发展期和巩固期居民的主观幸福感均产生重要影响（李燕琴等，2023）。徐英等分析发现，乡村旅游地居民幸福感的产生受乡村旅游场、互动仪式和真实性获得三大环节共同影响等（徐英等，2023）。

6. 其他相关议题

其一，部分学者关注乡村旅游与乡村振兴这一主题。聚焦于探究二者关系、耦合协调度、乡村旅游助推乡村振兴的机理等方面。例如，陆林等总结了乡村旅游引导乡村振兴的逻辑机理与驱动机制（陆林等，2019）。李志龙分析了乡村振兴与乡村旅游的相互关系及协调机制（李志龙，2019）。蔡克信等探讨了乡村旅游引导乡村振兴的多重作用（蔡克信等，2018）。贾未寰和符刚则从产业、人才、文化、生态、组织和农民生活富裕6个维度分析了乡村旅游助推乡村振兴的内在机理（贾未寰、符刚，2020）。此外，也有学者测算了山东省（董文静等，2020）、河南省（庞艳华，2019）乡村振兴与乡村旅游的耦合协调度等。

其二，部分学者探究了乡村旅游融合发展这一议题。聚焦于探索乡村旅游与文化创意产业融合及协调发展、乡村旅游与农业互动及融合、乡村旅游开发与生态文明建设融合等细分问题。其代表性研究如下：赵华和于静认为，乡村旅游与文化创意产业融合的优势在于，文化创意产业为乡村旅游可持续发展提供有力保障，乡村旅游为文化产业发挥创意优势提供了平台和市场发展空间（赵华、于静，2015）。王丽芳总结了山西省农业与旅游业融合的动力机制，表现在丰富产业内涵、拓展产业边界、延伸产业链等方面（王丽芳，2018）。

其三，有的学者关注了乡村旅游高质量发展这一细分主题。集中考察了乡村旅游高质量发展的内涵特征、形成逻辑、现实需求、面临困境、空间差异等方面。例如，舒伯阳等凝练出乡村旅游高质量发展的"生态基底、智慧转型、文化赋能和产业优化"理论内核（舒伯阳等，2022）。时朋飞等从生产空间、生态空间、生活空间、生命空间四个维度构建了指标体系，对长江经济带乡村旅游高质量发展水平进行了测度（时朋飞等，2023）。谢珈等从多个方面，提炼出乡村文化旅游高质量发展的实现路径（谢珈等，2019）。

其四，部分学者关注了乡村旅游与精准扶贫这一议题。重点关注了乡村旅游精准扶贫实现路径、扶贫模式、扶贫效应等子问题。例如，王庆生等以山东省沂南县竹泉村为分析案例，发现村落利益主体之间一体化互惠共生模式应为最佳合作模式（王庆生等，2019）。陈秋华和纪金雄认为，乡村旅游精准扶贫是精准扶贫识别、精准扶贫帮扶、精准扶贫管理三部分共同作用的结果等（陈秋华、纪金雄，2016）。

（四）研究展望

综上可见，中国乡村旅游研究取得了丰硕成果。这既有助于中国乡村旅游知识体系的构建，也有益于指导中国乡村旅游实践良性发展。在新时代乡村振兴战略、乡村旅游高质量发展等背景下，未来乡村旅游研究需要拓展新的研究视角和研究领域，至少可在以下方面做出努力。

一是继续深化乡村旅游基础研究。可进一步挖掘乡村旅游概念内涵、本质属性与核心价值，区分与其他旅游类型之间的联系和差异，探索乡村旅游与农村发展的关系等基础性问题。

二是持续关注乡村旅游可持续发展。随着人们对环境保护和可持续发展关注度的不断提升，乡村旅游研究须继续围绕可持续发展进行探究。未来研究可进一步关注乡村旅游与生态环境的关系、如何在乡村旅游发展中保护和恢复生态环境、乡村旅游可持续发展评价及路径等，可结合生态足迹分析、生态补偿机制及环境影响评价等方法展开探索。

三是深入探讨科技发展与乡村旅游。研究可聚焦科技发展为乡村旅游带来的可能性，关注大数据、人工智能、虚拟现实等数字技术和智能化手段对乡村旅游发展带来的影响，以及如何应用数字技术改变传统乡村旅游模式、提升游客体验。特别是，要关注乡村旅游数字化水平、数字化水平是否提升以及如何提升乡村游客的旅游体验、数字乡村旅游助推乡村旅游高质量发展的路径如何等问题。

四是深入研究乡村旅游的文化特性。在文化和旅游融合大背景下，要关注乡村旅游和文化深度融合的水平、效果和路径，探讨如何将文化深度嵌入乡村旅游，以提升乡村旅游品质与内涵，研究如何在乡村旅游中传播和展示文化遗产等。

五是继续聚焦社区居民与乡村游客两大主体。未来乡村旅游研究须更加彰显人文关怀，揭示乡村旅游的幸福功能。例如，社区居民参与乡村旅游机制、对乡村旅游的认同感、福祉感知等内容有待深化研究。游客乡村旅游的体验、幸福感、需求趋势与变化等内容，也需要深度挖掘。

六是把握乡村旅游研究新趋势与新方向。要紧跟时代背景与国家政策，把握新兴研究趋势与方向。例如，乡村旅游与相对贫困、乡村旅游与城乡一体化、乡村振兴与乡村旅游、乡村旅游高质量发展等议题值得进一步探讨。此外，乡村旅游与文化创意产业、农业等融合的"乡村旅游+"创新模式效果、路径等，也有待关注。

整体而言，未来乡村旅游研究需注重跨学科合作，综合使用多种研究方法，持续关注新兴研究趋势及动态，提升乡村旅游研究的广度和深度，以进一步丰富、完善乡村旅游理论框架与知识体系。

三 乡村旅游发展的现状分析

（一）简要历程

中国幅员辽阔、历史悠久、民族众多，多样地理、多种气候、多元文化，形成了各具特色的村镇。它们凭借独特的地理选址、合理的村落组景、古朴的人文环境、典雅的民居建筑，以及独特的民俗文化、动人的山水风光、淳朴的民族风情等，对久居城市的人群颇具吸引力。自20世纪80年代萌芽至今，作为横跨一二三产业、兼容生产生活生态、融通工农城乡的综合性产业，乡村旅游逐渐发展壮大，并在促进农业提质增效、农村繁荣稳定、农民增收致富等方面发挥着越来越重要的作用。从发展历程来看，中国乡村旅游大致经历了如下四个发展阶段。

1. 萌芽启动：1978—1997年

1978年的改革开放标志着中国现代意义上的旅游业的诞生。20世纪80年代初，以乡村田园景观、乡土建筑、乡村氛围等为核心吸引物的乡村旅游逐步萌芽，至90年代后期，已初显雏形。

在此阶段，由于入境旅游是中国旅游发展的重点，而初步兴起的国内旅游也主要集中于重点旅游景区和城市区域特别是优秀旅游城市，乡村旅游尚未成为关注重点。除少数地方个别支持政策外，省级以及国家对乡村旅游几乎没有政策支持。乡村旅游基本处于一种自发的发展阶段。由于乡村旅游缺乏足够的市场规模，因此尚未成为主流的旅游产品，其对"三农"问题的贡献尚未得到特别关注。

2. 初步成形：1998—2003 年

1998—2003 年，乡村旅游逐渐成为一种完整的旅游产品和旅游业中一个内涵和外延都较为清晰的部分。之所以 1998 年成为一个转折点，原因在于亚洲金融危机爆发后，扩大内需成了当时经济工作的重点，中国将旅游业列为国民经济新增长点，并于次年国庆节开始实行"黄金周"制度，国内旅游进入大发展阶段。在此期间，交通设施的改善，使得乡村与城市的距离不再遥远，加之自驾车逐步兴起，为自驾车式的乡村旅游提供了可能。

在此期间出现了若干标志性事件，推动了乡村旅游的发展。（1）1998 年，国家旅游局推出"华夏城乡游"作为中国旅游的年度主题，"吃农家饭、住农家院、做农家活、看农家景、享农家乐"成为热点。这标志着乡村旅游正式进入国家视野，乡村旅游进入了一个崭新的时代。（2）20 世纪末，贵州引进世界旅游组织做的全省旅游发展规划，将民族特色的乡村旅游作为发展重点，使得贵州乡村旅游一开始就与国际接轨。与此同时，后来闻名遐迩的乡村旅游栾川模式起步于 1999 年。（3）2000年发布的《国务院办公厅转发国家旅游局等部门关于进一步发展假日旅游若干意见的通知》中指出，"要积极发展城市郊区和重点景区周围的农业旅游、森林旅游和度假休闲旅游"。同年，国家批准在宁夏固原建立全国第一个国家级"旅游扶贫试验区"——六盘山旅游扶贫试验区。（4）2002 年是主题为"民间艺术游"的中国主题旅游年，这鼓励了更多中外游客深入中国基层社会（尤其是乡村社会），寻找与城市不同的旅游体验。（5）2002 年，国家旅游局颁布实施《全国农业旅游示范点、全国工业旅游示范点检查标准（试行）》，启动了创建全国农业旅游示范点工作。农业旅游示范点涵盖内容多样，其中包含了乡村旅游的主题和内涵，因此标志着中国乡村旅游开始走上规范化的发展轨道。

3. 发展壮大：2004—2011 年

2004—2011 年，国家对乡村旅游的重视程度日益提高，并将其与"三农"问题、扶贫工作、美丽乡村建设等紧密结合。其间，国家旅游局引导设立了全国农业旅游示范点及其与农业部联合打造了国家现代农业庄园，农业部推动了休闲农业发展，国家旅游局与扶贫办从扶贫角度推动了旅游扶贫试验区建设和贫困村旅游扶贫试点工作，国家旅游局与住建部推出了全国特色景观旅游名镇名村，等等。配合上述方面的工作，中央和地方出台了一系列政策，乡村旅游也吸引了更多主体和资本参与。

其间出现了若干标志性事件，极大地推动了乡村旅游的发展。（1）2004 年，中央一号文件《中共中央 国务院关于促进农民增加收入若干政策的意见》将"三农"问题提到了国家发展战略重点的高度，乡村旅游作为解决"三农"问题的一种有益尝试，受到高度重视。乡村旅游和"三农"问题在政策上的联系更加明确。（2）到 2005 年，国家旅游局推动的农业旅游示范点已评定 300 多个。（3）2006 年，国家旅游局发布《关于促进农村旅游发展的指导意见》；同年，推出"中国乡村游"主题，宣传口号为"新农村、新旅游、新体验、新风尚"。（4）2007 年，国家旅游局推出"中国和谐城乡游"主题，宣传口号是"魅力乡村、活力城市、和谐中国"。同年，和农业部联合发布《关于大力推进全国乡村旅游发展的通知》，提出充分利用"三农"资源，通过实施"百千万工程"，在全国建成具有乡村旅游示范意义的 100 个县、1000 个乡（镇）、10000 个村。（5）2008 年，《国务院关于进一步促进宁夏经济社会发展的若干意见》中提出:"依托独特的自然风光和人文景观资源,加强与周边地区的旅游合作,大力发展沙漠旅游、生态旅游、红色旅游和乡村旅游。"这是国家层面第一个提到乡村旅游的文件。(6) 2008 年,在国际金融危机对全世界和中国的旅游发展产生深远影响的宏观背景下,国家旅游局将三大旅游市场的"大力发展入境旅游、积极发展国民旅游、规范发展出境旅游"政策调整为"优先发展国内旅游,大力提升入境旅游"这一新的政策。2009 年年底,《国务院关于加快发展旅游业的意见》更是强调了转变发展方式、走内涵式发展、转型升级的主线,提出了乡村旅游富民工程等三大重点工程。(7) 截至 2011 年,共认定 70 个全国休闲农业与乡村旅游示范县,200 个全国休闲农业与乡村旅游示范点。

4. 全面提升:2012 年至今

党的十八大以来,党中央和国务院在"三农"工作和乡村振兴战略的总体布局中,更加注重乡村旅游的独特作用,出台了多项政策措施推动乡村旅游加快发展。中央一号文件多次就乡村旅游发展做出明确部署。文化和旅游部门、农业部门等制定了《关于促进乡村旅游可持续发展的指导意见》《农业部关于进一步促进休闲农业持续健康发展的通知》《关于联合开展"旅游扶贫试验区"工作的指导意见》《促进乡村旅游发展提质升级行动方案(2018 年—2020 年)》《乡村旅游扶贫工程行动方案》《关于促进乡村民宿高质量发展的指导意见》等一批关于推动乡村旅游发展的政策文件,《"十四五"旅游业发展规划》《全国乡村产业发展规划(2020—2025 年)》《关于推动文化产业赋能乡村振兴的意见》等也对乡村旅游给予特别重视。

以下数据可窥见这一阶段中国乡村旅游的全面发展。(1) 目前中国有超过 6 万个行政村开展乡村旅游经营活动,涵盖了观光、休闲、康养、避暑、冰雪、耕读、研学、娱乐诸多产品体系。(2) 文化和旅游部旅游扶贫工程观测中心在 25 个省、区、市设立了乡村旅游扶贫监测点并对其上报的数据进行测算分析，监测点乡村旅游对贫困人口的就业贡献度达 30.6%。湖南十八洞村、贵州遵义花茂村等一批贫困村通过旅游业实现了脱贫致富、就业增收，农村居民的生产和生活发生明显改善。(3) 2021 年，文化和旅游部推出了全国范围内的 100 个典型案例，展示了乡村旅游扶贫成果，引起了联合国和国际社会的关注。(4) 截至 2022 年，文化和旅游部共遴选出全国乡村旅游重点镇（乡）300 个、全国乡村旅游重点村 1238 个。(5) 截至 2022 年，全国休闲农庄、观光农园、农家乐等达 30 多万家，年营业收入超过 7000 亿元。

（二）发展规模

1. 绝对规模

随着中国人均可支配收入的不断提高，中国休闲农业和乡村旅游蓬勃发展，其规模得以不断壮大。根据农业农村部的相关数据，我国休闲农业和乡村旅游接待人次和营业收入持续增长（见图 3-1）。2012 年，中国休闲农业和乡村旅游接待人次和营业收入分别为 7.2 亿人次和 2400 亿元；2013 年，中国休闲农业和乡村旅游接待游客近 10 亿人次，相关营业收入达到 2800 亿元，直接受惠的农民超 3000 万人；2014 年，乡村旅游接待游客数量达 12 亿人次，乡村旅游营业收入 3200 亿元，带动了 3300 万名农民致富；2018 年，中国休闲农业和乡村旅游接待游客达 30 亿人次，营业收入超过 8000 亿元；2019 年，乡村休闲旅游成为城乡居民消费升级的一个重要选择，休闲农业和乡村旅游接待游客达 32 亿人次，营业收入超 8500 亿元。

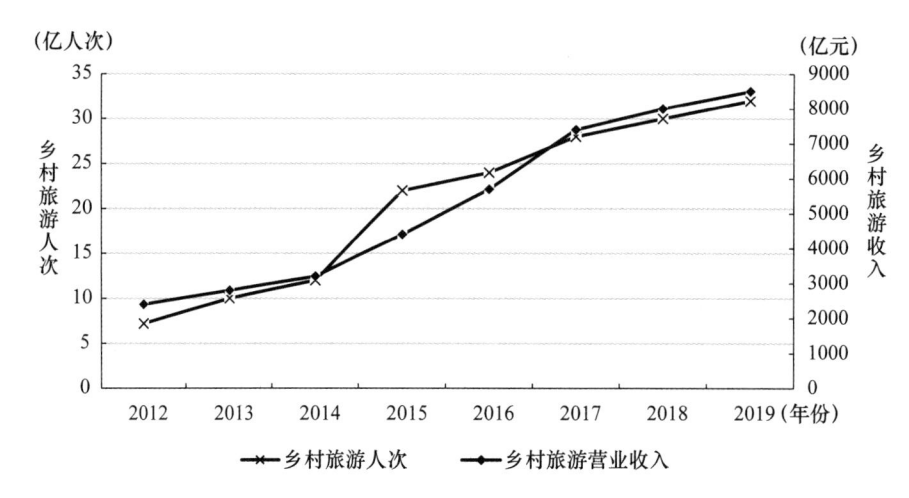

图 3-1 2012—2019 年全国乡村旅游接待人次和营业收入

资料来源：根据农业农村部相关资料整理所得。

2. 相对比重

从乡村旅游在全国旅游中所占比重来看，乡村旅游已然成为新时代国内旅游消费的"主阵地"。根据文化和旅游部相关数据，计算中国乡村旅游人次和收入占国内旅游人次和收入的比重，可得到如下结果（见图 3-2）。结果显示，2012 年中国国内旅游共计 29.57 亿人次，其中乡村旅游接待人次占比约为 24.3%；国内旅游总收入共计 22706 亿元，其中乡村旅游收入占比约为 10.6%。在经历 2012—2015 年的快速增长和 2016—2019 年的平稳增长之后，乡村旅游接待人次占国内旅游人次的比重明显提升。然而，与乡村旅游人次不同，乡村旅游收入占国内旅游收入的比重提升较少，明显仍处于较低水平。具体来看，2019 年乡村旅游人次所占比重达到 53.28%，超过国内旅游人数的一半，在国内旅游中占据相当重要的地位，而乡村旅游收入所占比重仅为 14.85%，说明乡村旅游消费仍然不足，存在较大的提升空间。

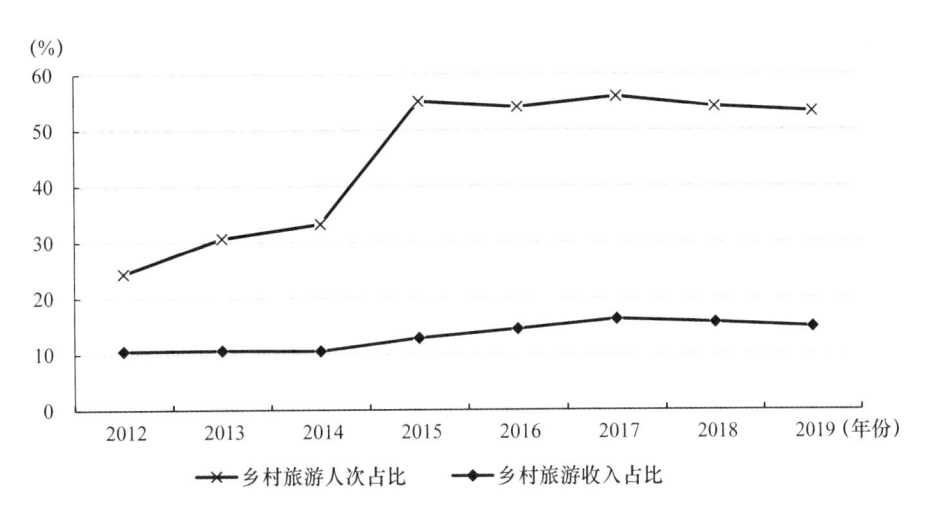

图 3-2 2012—2019 年中国乡村旅游占国内旅游的比重

资料来源：根据农业农村部、文化和旅游部相关数据整理所得。

3. 区域差异

从各省市乡村旅游发展的地区情况来看，存在明显的区域差异。《乡村旅游绿皮书：中国乡村旅游发展报告（2022）》根据乡村振兴战略提出的"产业兴旺、生态宜居、乡风文明、治理有效、生活富裕"20 字方针构建了相关评价指标体系，系统分析了我国各省市乡村旅游发展的总体情况以及区域差异（王金伟、吴志才，2023）。通过比较中国 31 个省份（不含港澳台地区）在旅游开发与接待体系、旅游生态与环境保护、文化资源与群众文化、政府推动与监督管理、旅游经济与居民收入 5 个方面的情况，得到了中国乡村旅游发展总指数排名（见表 3-1）。其中，浙江、四川、山东、江苏、贵州、福建、湖南、云南、河南、广东这些省份的乡村旅游发展综合表现处于全国前 10 位，浙江、四川、山东、江苏、贵州、福建、湖南、云南、河南、广东、湖北、广西、江西、安徽、河北 15 个省份的乡村旅游发展总指数高于整体平均值（0.3204）。分区域来看，前 10 名中，东部地区有 5 个省份，这说明中国东部地区的乡村旅游发展状况较好，中西部地区的发展动力稍显不足。

表 3-1　　　　　　中国 31 个省份乡村旅游发展总指数

	总指数		总指数
浙江	0.7069	陕西	0.3034
四川	0.5048	辽宁	0.2867
山东	0.4888	北京	0.2694
江苏	0.4854	内蒙古	0.2540
贵州	0.4466	重庆	0.2479
福建	0.4336	新疆	0.2416
湖南	0.4315	吉林	0.2191
云南	0.4276	黑龙江	0.2135
河南	0.4177	上海	0.1953
广东	0.3901	甘肃	0.1941
湖北	0.3803	海南	0.1793
广西	0.3616	青海	0.1464
江西	0.3575	天津	0.1248
安徽	0.3477	西藏	0.1168
河北	0.3410	宁夏	0.1104
山西	0.3092	平均值	0.3204

资料来源：文献（王金伟、吴志才，2023）。

（三）分布特征

文化和旅游部、农业农村部公布的"乡村旅游重点村"名录和"中国美丽休闲乡村"名录可在一定程度上代表和反映乡村旅游发展现状，以此两名录中的乡村旅游地为研究样本，探究中国乡村旅游目的地的分布特征具有一定的合理性和可行性。

1. 乡村旅游重点村镇

自 2019 年起，为贯彻落实乡村振兴战略、推进乡村旅游高质量发展、优化乡村旅游供给、更好地满足人民日益增长的美好生活需要，文化和旅游部开始公布乡村旅游重点村镇名录。

在此，以 2019—2022 年文化和旅游部公布的乡村旅游重点村镇为研究对象，探究中国乡村旅游的分布特征。

首先，可简单比较各省份的乡村旅游重点村镇情况。截至 2023 年 8 月 20 日，文化和旅游部共发布了四批全国乡村旅游重点村名单和两批全国乡村旅游重点镇（乡）名单，各省份的重点村镇数量如表 3-2 所示。其中，从全国乡村旅游重点村的数量总和来看，新疆（78）、浙江（54）、江苏（53）、湖北（52）、贵州（52）、江西（51）、云南（50）、河北（49）、福建（49）、四川（49）依次为排名前十的省份，而内蒙古（36）、海南（34）、天津（28）和上海（27）的重点村数量则处于全国末尾。从全国乡村旅游重点镇（乡）的数量总和来看，各省份的数量总和相差不大，其中新疆的重点镇（乡）数量最多，达到了 14 个，其他省份的重点镇（乡）数量均为 5—7 个。

表 3-2　　　　中国 31 个省份乡村旅游重点村镇情况　　　　单位：个

	全国乡村旅游重点村				全国乡村旅游重点镇（乡）	
	第一批（2019年7月）	第二批（2020年7月）	第三批（2021年8月）	第四批（2022年12月）	第一批（2021年8月）	第二批（2022年12月）
北京	9	23	6	6	3	3
天津	7	11	5	5	3	3
河北	11	24	7	7	3	3
山西	8	18	7	6	3	3
内蒙古	9	15	6	6	3	3
辽宁	9	21	5	6	3	3
吉林	8	19	6	6	3	3
黑龙江	10	21	6	6	3	3
上海	6	11	5	5	3	2
江苏	13	26	7	7	4	3
浙江	14	26	7	7	4	3
安徽	12	22	7	6	3	3

续表

	全国乡村旅游重点村				全国乡村旅游重点镇（乡）	
	第一批（2019年7月）	第二批（2020年7月）	第三批（2021年8月）	第四批（2022年12月）	第一批（2021年8月）	第二批（2022年12月）
福建	11	26	6	6	3	3
江西	12	25	7	7	3	3
山东	10	24	7	7	3	3
河南	10	21	7	7	3	3
湖北	11	27	7	7	4	3
湖南	11	23	7	7	3	3
广东	10	22	7	6	3	3
广西	11	22	7	7	3	3
海南	8	16	5	5	3	2
重庆	9	20	6	6	3	3
四川	12	23	7	7	3	3
贵州	12	26	7	7	4	3
云南	13	23	7	7	3	3
西藏	9	21	5	6	3	4
陕西	11	23	6	6	3	3
甘肃	12	20	6	6	3	3
青海	8	20	5	6	3	4
宁夏	9	20	5	6	3	3
新疆	15	41	11	11	6	8
全国	320	680	199	200	100	98

资料来源：中华人民共和国文化和旅游部网站（https://www.mct.gov.cn/）。

然后，采用地理集中指数考察了乡村旅游重点村镇的空间分布特征。地理集中指数是衡量研究对象在地理研究区内集中程度的指数（谢志华、吴必虎，2008），本部分运用地理集中指数考察中国乡村旅游重点村镇的空间分布均衡性。其计算公式为：

$$G = 100 \times \sqrt{\sum_{i=1}^{n} \left(\frac{X_i}{T}\right)^2}$$

$$G' = 100 \times \sqrt{\sum_{i=1}^{n} \frac{1}{n^2}}.$$

式中，G 为中国乡村旅游重点村/镇的地理集中指数；X_i 表示第 i 个省份乡村旅游重点村/镇数量；T 为乡村旅游重点村/镇的总数；n 为省（区、市）总数，取值为 31。G 取值为 0—100，值越大，表示乡村旅游重点村/镇分布越集中；值越小，表示乡村旅游重点村/镇分布越分散。常用 G' 与 G 作比较，G' 为研究对象均匀分布时的地理集中指数（保继刚、甘萌雨，2004），即乡村旅游重点村/镇平均分布在 31 个省份的地理集中指数。

通过地理集中指数计算公式得出相应的 G 值和 G' 值。其中，全国乡村旅游重点村/镇均匀分布在各省份时的地理集中指数 G' 值为 17.96；各阶段乡村旅游重点村/镇的地理集中指数 G 值如表 3-3 所示。

表 3-3　　　各阶段乡村旅游重点村/镇的地理集中指数

	乡村旅游重点村		乡村旅游重点镇（乡）	
	批次	地理集中指数	批次	地理集中指数
2019 年 7 月	第一批	18.31	—	—
2020 年 7 月	第二批	18.46	—	—
2021 年 8 月	第三批	18.25	第一批	18.28
2022 年 12 月	第四批	18.19	第二批	18.76
2023 年 8 月	汇总	18.31	汇总	18.43

从全国乡村旅游重点村的地理分布情况来看，2019 年 7 月入选的第一批乡村旅游重点村的地理集中指数 G 值为 18.31，2020 年 7 月入选的第二批乡村旅游重点村的地理集中指数 G 值为 18.46，2021 年 8 月入选的第三批乡村旅游重点村的地理集

中指数 G 值为 18.25，2022 年 12 月入选的第四批乡村旅游重点村的地理集中指数 G 值为 18.19，均大于 G'。截至 2023 年 8 月，全国共有 1399 个乡村旅游重点村，其地理集中指数为 18.31 ($G>G'$)，这说明从全国尺度来看，乡村旅游重点村的地理分布较为集中。

从全国乡村旅游重点镇（乡）的地理分布情况来看，2021 年 8 月入选的第一批乡村旅游重点镇（乡）的地理集中指数 G 值为 18.28，2022 年 12 月入选的第二批乡村旅游重点镇（乡）的地理集中指数 G 值为 18.76，均大于 G'。截至 2023 年 8 月，全国共有 198 个乡村旅游重点镇（乡），其地理集中指数为 18.43 ($G>G'$)，这说明从全国尺度来看，乡村旅游重点镇（乡）的地理分布也比较集中。

2. 中国美丽休闲乡村

"中国美丽休闲乡村"是农业农村部自 2010 年开始推介评选的示范乡村。在 2010—2013 年的 4 年时间内，每年评选 10 个乡村，后来随着"美丽乡村"建设工程、乡村振兴战略的提出和国家对于农村发展的重视程度不断提高，其数量呈井喷式增长。截至 2023 年 8 月，国家以"中国美丽休闲乡村"之名共推介了六批"中国美丽休闲乡村"，评选出了 1697 个美丽休闲乡村，评选出的美丽休闲乡村具有创新引领产业美、生态宜居环境美、乡土特色风貌美、人文和谐风尚美、业兴民富生活美的特征，是综合了优越的自然环境和和谐的社会人文环境的复合型村庄。

首先，可直观比较各省份的美丽休闲乡村数量。从中国美丽休闲乡村的数量总和来看，浙江（82）、江苏（74）、新疆（74）、山东（73）、四川（69）、福建（68）、安徽（66）、重庆（65）、湖北（64）、湖南（64）的美丽休闲乡村数量较多，而天津（30）、西藏（30）、海南（29）和宁夏（27）的美丽休闲乡村数量较少。

然后，采用地理集中指数考察中国美丽休闲乡村的空间分布特征。通过计算发现，中国美丽休闲乡村均匀分布在各省份时的地理集中指数 G' 值为 17.96。各阶段中国美丽休闲乡村的地理集中指数 G 值如下：2010—2017 年入选的第一批中国美丽休闲乡村的地理集中指数 G 值为 18.66，2018 年入选的第二批中国美丽休闲乡村的地理集中指数 G 值为 18.57，2019 年入选的第三批中国美丽休闲乡村的地理集中指数 G 值为 18.75，2020 年入选的第四批中国美丽休闲乡村的地理集中指数 G 值为 19.05，2021 年入选的第五批中国美丽休闲乡村的地理集中指数 G 值为 18.99，2022 年入选的第六批中国美丽休闲乡村的地理集中指数 G 值为 18.83，均大于 G'。截至 2023 年 8 月，全国共有 1697 个美丽休闲乡村，其地理集中指数为 18.56（$G>G'$），这说明从全国尺度来看，中国美丽乡村的地理分布相对集中。

表 3-4　　　　　中国 31 个省份美丽休闲乡村情况　　　　　单位：个

	2010—2017 年	2018 年	2019 年	2020 年	2021 年	2022 年
北京	18	5	9	4	4	4
天津	12	2	4	4	4	4
河北	15	6	8	8	8	8
山西	18	5	9	8	8	8
内蒙古	14	4	8	8	8	8
辽宁	19	6	9	8	8	8
吉林	19	4	8	8	8	8
黑龙江	10	4	8	8	8	8
上海	15	4	8	4	4	4
江苏	23	6	9	12	12	12
浙江	28	8	12	12	12	10
安徽	16	6	9	12	12	11
福建	27	7	10	8	8	8

续表

	2010—2017 年	2018 年	2019 年	2020 年	2021 年	2022 年
江西	18	5	9	10	10	10
山东	26	6	11	10	10	10
河南	18	5	8	8	10	10
湖北	20	5	9	10	10	10
湖南	17	5	9	9	12	12
广东	13	3	8	8	10	10
广西	17	4	9	10	10	10
海南	10	2	4	4	4	5
重庆	15	5	9	12	12	12
四川	19	6	8	12	12	12
贵州	18	5	8	8	8	10
云南	18	5	8	8	8	8
西藏	9	4	8	3	3	3
陕西	20	4	9	7	8	8
甘肃	14	5	8	4	6	6
青海	12	4	8	4	4	5
宁夏	10	4	0	4	4	5
新疆	24	6	16	11	9	8
全国	532	150	260	246	254	255

资料来源：中华人民共和国农业农村部网址（http://www.moa.gov.cn）。

3. 空间分布特征

将"全国乡村旅游重点村"名录与"中国美丽休闲乡村"名录进行汇总，除去名录中重复的乡村，得到乡村旅游地数量（见表3-5）。由表3-5可知，截至2021年，全国共有乡村旅游地2211个，其中有1199个乡村入选"全国乡村旅游重点村"名录，有1434个乡村入选"中国美丽休闲乡村"名录，且有422个村同时入选两名录。

表 3-5 乡村旅游地数量统计

	全国乡村旅游重点村（个）	中国美丽休闲乡村（个）	重复乡村旅游地（个）	乡村旅游地数量（个）
2010—2017 年	—	532	—	532
2018 年	—	150	—	150
2019 年	320	260	140	440
2020 年	680	246	226	700
2021 年	199	246	56	389
汇总	1199	1434	422	2211

资料来源：中国文化和旅游部网站、农业农村部网站。

中国的乡村旅游地在空间分布上具有"东多西少、南多北少"的特征。以"胡焕庸线"为界，东部地区共有乡村旅游地 1859 个，占比超过八成；西部地区仅有 352 个乡村旅游地，占比不足两成，呈现出明显的东多西少特征。以"秦岭—淮河"为界，南部地区共有乡村旅游地 1260 个，所占比重为 56.99%；北部地区共有 951 个乡村旅游地，所占比重为 43.01%，呈现出南多北少的差异特征（耿满国等，2024）。

进一步地，运用核密度估计法考察了中国乡村旅游地在空间上的集聚程度。核密度估计法认为地理事件可以发生在空间的任何位置上，但是在不同位置上的概率有所差异（保继刚、甘萌雨，2004）。点密集的区域意味着事件发生的概率较高，点稀疏的区域意味着事件发生的概率较低。核密度估计的计算公式为：

$$f_n(x) = \frac{1}{nh}\sum_{i=1}^{n} k\left(\frac{x-X_i}{h}\right)$$

其中，$k()$ 表示核函数；h 为宽带，大于 0；$(x-X_i)$ 表示点 x 到事件 X_i 处的距离。运用 ArcGIS 中的核密度分析功能，对中国乡村旅游地进行核密度分析，中国的乡村旅游地在空间分布上形成了"两极"，即长三角和京津冀地区。这与长三角和京津冀较高的城市化水平和人口密度密切相关。超大城市的人口与功能外溢使得乡村旅游地密集分布在其周围区域,形成乡村旅游地的两个极点区域。中国乡村旅游地还形成了"两轴",即以黄河和长江两大流域作为乡村旅游发展的轴线区域。黄河和长江流域作为中华民族的发源地,有着优秀的农耕文化和适宜的自然环境,为乡村旅游地的发展提供了优越的条件。另外,中国乡村旅游地在空间分布上具有"多核"特征,形成了甘青、关中、黑吉、山东中部、晋冀豫、川渝和闽东南等多个核心区域。这些区域作为次核心区域,得益于省会以及城市网络之间的要素通道。总之,中国乡村旅游地在空间分布上呈现出明显的"两极—两轴—多核"特征。

(四) 发展模式

纵观全国乡村旅游三十多年来的发展,在北京、浙江、江苏、四川等地区,涌现出了许多具有地方特色的发展模式和典型案例,可从产品开发模式、投融资模式等方面加以概括。

1. 产品开发模式

乡村旅游的产品开发模式,大体包括如下八种形态。

一是体验农村生活模式,也称"农家乐"模式,是中国乡村旅游产品开发最早也最为成熟的模式,起源于成都市郫县农科村。按照核心吸引力的差异,体验农村生活的乡村旅游产品开发模式可以归纳为六个亚类:农业观光"农家乐"、民俗文化农家乐、民居型农家乐、休闲娱乐农家乐、食宿接待农家乐和农事参与农家乐。

二是古村镇模式。古村镇型乡村旅游产品开发模式是指利用古村和古镇的乡土建筑、街区、氛围等吸引游客前来,开展观光休闲活动。目前,全国古村镇乡村旅游产品开发模式可以划分为以下几类:(1)古宅院落模式,如山西王家大院、乔家大院等；(2) 民族村寨模式，如云南瑞丽傣族自然村；(3) 古镇建筑（历史街区）模式，如云南丽江古城、江南水乡（乌镇、南浔等）、皖南古村落（西递、宏村）、川西古镇（如邛崃乐平）等。

三是乡村旅馆接待模式。乡村旅馆接待模式泛指依托乡村农业景观、森林景观、田园风光等外部环境，发展具有休闲、娱乐、求知、教育功能的综合性旅游住宿接待设施的产品开发模式。乡村旅馆接待类型主要有以下类型：(1) 乡村酒店，如北京昌平区金利牡丹园；(2) 国际驿站，如北京朝阳区高碑店村国际驿站；(3) 休闲农庄，如北京通州区禾阳农庄。乡村旅馆接待模式的引入与发展有效地带动了现代服务业在乡村地区的延伸，有利于乡村地区建立和发展以旅游业为龙头的现代服务业。

四是乡村休闲度假模式。乡村休闲度假模式的特色在于吸引过夜游客；游客对景观资源、服务设施和质量的要求更高，因此是乡村旅游中现代化程度最高的一种产品模式，也是中国乡村旅游发展实现转型升级的重要方向。就其依托资源的不同，乡村休闲度假旅游产品开发模式可以划分为以下类型：(1) 生态农业依托型乡村休闲度假模式，如广东梅州的雁南飞茶田度假村；(2) 温泉依托型乡村休闲度假模式，如北京昌平区的小汤山御林汤泉度假村；(3) 森林生态依托型乡村休闲度假模式，如广东惠州的南昆山三寨谷度假村。

五是乡村节庆模式。乡村节庆模式是指利用乡村地区丰富多彩的民俗文化活动以及农业资源来举办节庆活动以吸引游客前来观光、体验的产品开发模式。按节庆活动所依托资源的差异，乡村节庆活动可以分为以下主要类型：(1) 传统民俗文化节庆活动，如广东开平的"泮村舞灯"、北京郊区的"青龙湖龙舟邀请赛"等；(2) 农业休闲节庆活动，如北京大兴区的"西瓜节"、通州区的"樱桃节"、陕西安康的"油菜花节"等；(3) 现代文化艺术节庆活动，如北京郊区的"中国·宋庄艺术节"。

六是农业园区模式。农业园区模式是指依托特色农产品、农业高科技、牧场、水库等农业资源，吸引游客前来开展观光休闲、学习、体验等活动的产品开发模式。根据游客参与活动的差异，农业园区模式可以划分为以下几类：（1）农园观光模式，以展示种植业的栽培技术或园艺、农产品及其生产加工过程等为吸引力，如北京海淀区的锦绣大地农业观光园；（2）农园采摘模式，利用开放成熟期的果园、菜园、瓜园、花圃等，供游客入园观景、赏花、摘果等，如厦门环岛路的草莓采摘园、成都市温江区的花圃基地等；（3）养殖园体验模式，通过饲养家禽、家畜、蜜蜂等，满足游客体验的需求，如广州增城北部山区的农家养殖园；（4）渔场垂钓模式，利用水库、池塘等水体开发垂钓等活动，如千岛湖周边水域的垂钓区等。

七是康体疗养模式。康体疗养模式正是利用现代人尤其是城市居民日益追求健康、养生的需求，依托森林生态资源、温泉资源等吸引游客前来进行康体、休疗养活动的产品开发模式。乡村地区优美的自然生态环境和安静的氛围，契合了城市居民康体疗养的需求。康体疗养模式典型的案例有北京房山区重点打造的"养生山吧"业态，以绿色健康等为经营理念，以自然环境、保护生态为出发点，其建筑物依山而建、养生设施齐全、养生活动丰富。该模式建筑环境彰显养生内涵、住宿设施体现养生功能、饮食符合养生要求，如中英水北民俗村养生山吧、蒲洼养生山吧集聚区等。

八是运动休闲模式。运动休闲型乡村旅游产品是一种新兴的、个性的产品，它以乡村性为基础，结合时尚性、前沿性、探索性和现代性，主要面向城市白领、自由职业者等群体，是近年来我国部分地区新兴的乡村旅游产品开发模式。目前我国乡村旅游运动休闲产品开发较为成功的案例有珠三角地区的"千里绿道"模式和成都市的"田园绿道"模式；二者均利用所处区域的山地森林生态资源、田园风光等发展适合城市居民运动休闲的旅游项目，如田园栈道、远足项目、自行车骑行等。

2. 投融资模式

乡村旅游的投融资模式，主要包括如下五种。

一是政府转移支付模式。政府转移支付模式是指涉及乡村旅游发展的各主要政府部门通过财政支出的方式，借助社会主义新农村建设、现代农业发展等形式投入农村基础设施建设、发展建设规划编制、营销平台搭建等。这种投资模式的特点在于能够联动政府各个部门，最大限度地争取各相关政府部门的投入，且主要用于基础性设施建设和公共服务供给。典型的案例有北京市大兴区长子营镇"留民营生态休闲农庄"，其近年来每年吸引到的基础设施建设投资约1000万元，服务设施建设投资100万元，主要用于基础设施建设，兼部分经营性项目。

二是土地流转模式。土地流转模式是指村民散户或村庄集体通过出让土地使用权获得投资的一种模式。可分为权益融资模式和股权融资模式两个类型。在权益融资模式中，村民散户或村庄集体出让土地使用权，并一次性或多次性向受让方即旅游经营户或旅游开发企业收取土地租赁费。在股权融资模式中，虽然农民或村庄集体放弃了对土地的使用权，但并不以租赁费为补偿，而是占有旅游企业的部分股权，参与经营和分红。权益融资模式的典型案例有北京市密云区巨各庄"张裕爱斐堡国际酒庄"，其为中外合资项目，项目总投资4.5亿元，资金是通过巨各庄镇政府以出让800亩土地使用权的方式进行权益融资获得的。在大多数情况下，在乡村旅游发展的集中区域，土地流转模式中的权益融资模式和股权融资模式通常是同时存在和运作的。成都作为全国综合配套改革试验区，是全国统筹城乡发展和通过土地流转推动乡村旅游发展的成功样本。在成都市下辖许多区县，早在成都获批"全国综合配套改革试验区"之前就进行了诸多形式的土地流转以获得多种融资渠道，开展包括乡村旅游在内的各种经济活动。

三是旅游合作社集资模式。乡村旅游合作社是农民在自愿互利的基础上组织起来从事旅游经营的集体经济组织。通过这种自愿互利的合作组织可以有效实现集资的目的。按照运作方式的不同，旅游合作社可以分为以下三个类型。其一，旅游合作社独立运作模式。典型案例是都江堰市的沙湾村乡村旅游合作社，其由无公害蔬菜种植户、猕猴桃种植户、特色餐饮经营户、乡村酒店经营户等为成员单位联合组成。合作社有严格规范的经营管理监督章程，统一制作店牌，执行统一的服务和房价标准，统一宣传营销。因此，沙湾村乡村旅游合作社实际上类似于乡村旅游发展的行业协会组织。其二，"专业生产合作社/土地流转合作社+旅游开发公司（农民自营公司）"模式。典型案例有山东省青州市清风寨山楂发展专业合作社。其三，"村委会/旅游合作社+投资商（引进外来旅游开发商）"模式，其中乡村旅游合作社与外来的旅游开发商是合作关系，典型的案例有山东省泰安市宁阳县葛石镇的乡村旅游合作社。

四是金融机构贷款模式。金融机构贷款模式是指乡村地区个体经营者、合作组织或企业为发展乡村旅游而从金融机构（商业银行以及其他非银行金融机构）贷款以取得资金的模式。在现行的运作实践中，金融机构贷款模式可以分为贴息贷款、小额贷款和个人商务贷款等三种类型。其一，贴息贷款是指政府为支持当地乡村旅游发展，利用财政经费为需要向金融机构贷款的个体经营者、合作组织或企业支付比例不等（北京地区是50%—100%）的贷款利息，减轻个体经营者、合作组织或企业的负担。如北京市房山区佛子庄乡在开发改造"养生山吧"时就力争获得国家发改委对发展国家支持产业的给予的5000万元银行贴息贷款。其二，小额贷款模式是指个体经营者、合作组织或企业为发展乡村旅游向非银行金融机构（例如农村资金互助社和小额贷款公司等）获得贷款的模式。小额贷款的非银行金融机构具有经营灵活、快捷的特点，适合个体经营者和中小企业的需要。其三，个人商务贷款根据贷款人的资信和抵押物状况由金融机构核定授信额度进行商务贷款，适合于大型乡村旅游经营业主，其最大贷款额度为 100 万元。在小额贷款和个人商务贷款方面，四川省雅安市旅游局与邮政储蓄银行雅安市分行达成了"乡村旅游发展贷款项目"协议，专门开展乡村旅游发展所需小额贷款和个人商务贷款业务。

五是外商投资模式。在一些国际化程度较高的区域，具有优质、特色资源的乡村可以吸引到境外投资者的目光，获得海外投资。根据中国国家统计局第七次人口普查年鉴，截至 2020 年 11 月，因商务、工作、留学或定居等，在北京居住的外国人有 44997 人，另有港澳台同胞 17815 人；在上海居住的外国人有 100195 人，另有港澳台同胞 63759 人。这些常住的外国人通常对城市周边的乡村旅游颇感兴趣、较为熟悉，也因此会萌生投资乡村旅游的念头。例如，北京郊区的"意大利农庄"，即是由一位在京工作的意大利商人投资兴建和运营。"意大利农庄"占地 210 亩，截至 2008 年年底已投资 350 万元，游客可以品尝到地道的意大利 Pizza 和各种特色水果。

（五）存在的问题

尽管我国乡村旅游总体上取得了长足发展，在一些典型地区也积累了成功经验，但是不得不看到，在更加广大的地区，乡村旅游或多或少还存在一些问题，具体体现在如下几个方面。

1. 整体发展水平相对不高

以贵州省为例，2019 年，全省乡村旅游接待游客占全省旅游接待总量的 45%，但乡村旅游收入仅占全省旅游总收入的

23%，乡村旅游人均消费仅为全省人均旅游消费的51%。据不完全统计，贵州全省开展乡村旅游的村寨数量达3500个，乡村旅游经营户突破1万户，大部分以粗放的农户经营的农家乐为主，有实力和市场竞争力的规模乡村旅游经营户（企业）不足5%。在不少地方，乡村旅游市场营销主要依靠政府部门宣传推介，尚未形成较为完整的市场营销推广体系。村民普遍缺乏对乡村旅游市场需求的认知，导致对文化、生态和产品等缺乏有效的包装、讲述和表达，以互联网、大数据、云计算和人工智能等信息技术为基础的现代营销管理体系较为缺失。不少旅游地，乡村旅游整体形象不突出，特色品牌匮乏，尚未形成以整体形象为引领的乡村旅游品牌体系。各地对乡村旅游的宣传只停留在举办文化旅游活动、设计乡村旅游线路、利用当地新闻媒体的报道，部分乡村旅游点虽然通过抖音、快手等新媒体进行了宣传，但是乡村旅游的特色和吸引点不突出，宣传形式单一、内容类同，效果不明显。

2. 不少地方缺乏整体规划

一些地区对发展乡村旅游的认识不足，缺乏长远性、整体性、系统性、前瞻性的战略考虑和架构设计，存在发展不均衡、地方特色不突出的问题，特别是对乡村旅游产业发展的规律性认识不够，政策体系研究的深度不够。一些地区没有把乡村旅游资源开发纳入区域旅游大系统的开发建设中，导致存在项目落地性差、经营管理不善、设施设备闲置、客源市场开拓困难等问题。一些地区受建设用地指标和审批政策的严格限制，许多乡村旅游项目受限。农业、林草、水利、生态、交通等部门实施的人居环境整治、农村绿化、河道治理、生态修复、乡村道路建设等项目，在实施乡村振兴战略、发展乡村旅游中尚未形成整体规划、统一推进的合力。一些地方缺乏明确的乡村旅游空间区划和地区分工。以陕西为例，省内乡村旅游示范村空间分布不均匀，多分布在关中地区，呈现出中部多、南北少的分布状态。乡村旅游的空间区划不够明确，对后续的文化定位、主题挖掘、项目设计、形象展示等方面存在影响。

3. 体制机制亟须创新优化

一方面，乡村旅游涉及面广，对行政和产业管理的统筹协调性要求较高，但条块分割的职能管理制约了部门之间的统筹协调，九龙治水、重复建设、各行其是的现象依然突出，合力聚力不足；另一方面，乡村旅游是面对市场的产业，需要个体、集体、企业及多行业分工协作，需要多部门多层级行政配合、组织有效的运营管理和行业协力推动，才能形成完整有序的产业链条，实现有效运营。目前，不少地方乡村旅游经营主体基本上各自独立，运营管理和行业组织弱化虚化，小、散、杂、弱的局面未能根本改善，难以形成高效有序的产业实力。在一些地方，特别是欠发达地区，虽然各级政府积极调配资源完成了道路交通、停车场、游客服务中心、销售场馆、歌舞表演场地等众多基础设施和服务设施建设，但一些乡村旅游项目却运营困难，产生了一些闲置资产。

4. 产品同质化现象较严重

在一些地方，乡村旅游被片面地理解为"农家乐""乡村游乐场"，对乡村旅游理解的局限主要是因为缺乏科学性的指导、对乡村产业的认识不足以及乡村开发吸引力匮乏等。从乡村旅游的发展来看，乡村旅游的开发建设以农业型、休闲型为主，缺乏详细的产业规划。目前乡村旅游的文化创意资源的开发模式相对单一，开发过程中主要以观赏观光的方式进行旅游产品的开发，例如，田园景观式、民俗风情观光、手工艺产品参观等，以及农业主题园的展览项目等，缺乏游客可以实际参与体验的项目。缺乏乡村特色节事、节庆活动，将乡村特色文化与农事活动结合，依托节事节庆活动为平台，添加体验性、参与性、互动性要素，融入旅游产品中，从而形成综合性旅游产品。

在不少地方，乡村旅游产品尚停留在吃农家饭、干农家活、住农家房的传统发展模式，业态单一、品位不高，体验型、休闲型、互动式、个性化产品少，大大降低了乡村旅游的丰富性和趣味性，也很难满足游客多层次、多样化与高文化品位的旅游需求。很多经营主体没有将当地独特的乡土特色融入旅游产品中，只是照搬借鉴，未形成符合当地乡村旅游发展的主题，缺乏方向指引。不仅没有通过开发乡村旅游提升当地旅游目的地优势反而降低了乡村旅游整体品质，缺乏市场辨识度，从而导致游客的旅游意愿与重游率低。部分乡村旅游项目主体经营人员没有对当地乡村旅游资源进行合理科学的调研、考察和分析，只是看到了一部分经营主体设计开发的项目获得了可观的收益，在利益的引诱下原封照搬，从而导致乡村旅游产品同质化的现象屡见不鲜。如果能够在不同地区结合当地文化背景，打造符合当地地域文化的特色旅游项目，将给该地区的乡村旅游产品打上鲜明的特色标志，但目前大多数乡村旅游产品在文化内涵上的挖掘不足，产品同质化现象严重。大众休闲日益多样化、个性化、碎片化、互联网+共享经济的到来，市场消费的主体从"70后""80后"逐步转变为"90后""00后"，乡村旅游的要素应该适应市场需求的变化而改变。随着消费升级，国家相关政策的陆续出台，乡村旅游升级已是必然趋势，而随着产业结构的调整和企业转型的叠加效应，未来涌入乡村旅游市场的资本和开发主体将越来越多，市场竞争也将越发激烈。要想在众多的产品中脱颖而出，立于不败之地，乡村旅游产品的创新是关键。

5. 农民主体地位不突出

从促进农民全面发展的角度来看，乡村旅游应最大限度地实现广大农民的参与和受益。然而，当前一些地区的乡村旅游发展以当地政府和外来资本为主，村集体缺乏主导权，村民参与程度和收益比例较低，导致农民在乡村旅游发展中的主体地位不突出。

一方面，乡村旅游开发中农民主体地位缺失。目前，一些地区的乡村旅游发展，在一定程度上仅仅表现为城市资本和城市人群对乡村资源和乡村空间的利用和消费，把当地农民视为乡村旅游开发的客体而非主体，并未提升农民的自主发展能力。在乡村旅游开发过程中，诸多旅游开发商更倾向于以"整村搬迁"、雇用部分村民的形式承接乡村旅游资源，鲜少注重对乡村居民"非农就业"能力的培养，导致当地农民无法在乡村旅游发展中获得长效合作和发展机会。另外，由于缺乏平等协商机制，处于弱势地位的农民群体难以与外来资本平等对话，致使部分地区农民在乡村旅游发展中不断被边缘化。

另一方面，乡村旅游经营中农民自身能力有限。目前从事乡村旅游开发和经营活动的当地人大多是留在乡村地区的农民。由于青壮年劳动力因外出求学或打工而流入城市，现有的乡村留存人员多为中老年人、学生或孩童等。相对于专业人员而言，其文化教育水平和知识领悟能力偏低，且没有从事过乡村旅游工作的相关经验，也没有接受过系统的专业培训或教育，缺乏适应新时代乡村旅游发展的经营管理理念，在能力和心智等方面难以满足乡村旅游高质量发展的需求。另外，尽管部分地区通过吸引农民工和大学生返乡就业创业等方式为乡村发展储备人才，但是人才留存效果并不理想，乡村旅游专业人才数量、质量和结构都难以满足发展需要。

6. 利益共享机制有待优化

尽管乡村旅游能够拓宽农民收入渠道、提高农民非农收入，但是在乡村旅游发展过程中，传统外源式发展模式导致不少地区"飞地化"现象突出，且乡村居民参与乡村旅游开发的程度存在较大差异，这在一定程度上限制了乡村旅游推进共同富裕的效果。

一方面，乡村旅游产业收益漏损严重。尽管乡村旅游开发的内外互补机制能够有效提升乡村旅游资源的开发效率，但是外源式发展模式的逐利性容易造成外来投资者对乡村资源的掠夺以及乡村居民在乡村发展中的失权问题。这有可能致使乡村旅游开发陷入公平与效率双重失衡的恶性循环。具体来讲，外来投资者的资本、设备、技术和管理者均从外部带入，在进行大规模、低成本甚至破坏性的旅游开发之后，除少量补偿金和税收外，对当地劳动力、关联产业及社会建设的贡献有限。在一些地方，乡村旅游发展成果被外来投资者"卷走"，乡村旅游发展陷入"收益漏损"的陷阱，无法实现增加乡村居民收入、缩小城乡收入差距的目标。

另一方面，乡村旅游内部参与机会不均。当前发展乡村旅游的重要共识是"人人参与、人人尽力"，鼓励乡村居民更多地参与到乡村旅游发展中。然而，在部分地方，由于综合协调的缺位或不当，少数拥有区位、资金或规模优势的村民在单纯市场力量的推动下参与到旅游经营接待中，成长为旅游精英并获得较高的旅游收益，而缺乏相应优势的村民只能从事低水平、低收益的体力劳动或小商贩经营，在乡村旅游发展中逐步被边缘化。在资本博弈、社会网络和地理优势的共同作用下，乡村不同群体之间的收入差距不降反增，导致乡村旅游内部贫富差距有所扩大。

7. 文化保护利用尚不充分

乡土文化根植于乡村发展血脉，是乡村旅游的根基和灵魂。以乡村旅游为载体，对乡土文化进行系统挖掘和保护传承，是促进乡村文化振兴、丰富人民精神世界的有效途径。然而，目前一些地方存在乡土文化传承力度不强、保护意识淡薄、开发创意不足等问题，影响了其作用的发挥。具体体现在以下三个方面。

其一，乡土文化传承力度不强。随着社会的发展与进步，乡村人口外流和空心化问题日益突出，加之外来先进文化的流入和冲击，使得乡村原生态的乡土文化日渐没落甚至中断。乡土文化内涵的缺失削弱了乡村旅游发展的根基，相应的旅游产品开发大多停留在农家宴、垂钓、摄影等休闲娱乐、乡间野趣的初级阶段，涉及乡土文化内容的较少。这必然导致游客难以在旅游过程中获得深层次的乡村文化认知和高水平的乡村旅游服务，一定程度上降低了游客在乡村旅游中的体验感和满意度。

其二，乡土文化保护意识淡薄。乡村居民作为乡土文化的创造者和传承者，了解当地的乡风民俗，掌握特有的传统技艺。然而，不少地区由于乡村居民缺乏对乡土文化价值的认识，难以形成乡土文化自信并自觉参与到乡土文化的保护和传承工作中。另外，在快速城镇化和过度商业化的冲击下，乡土文化容易因以经济为中心的片面发展观而产生异化甚至面临瓦解。一些地方将现代化、城镇化的元素符号过度嵌入乡村旅游文化体系中，导致乡土文化的扭曲和失真。

其三，乡土文化开发创意不足。当前乡村旅游中的文化资源开发规模持续扩大，但由于缺乏高水平策划与规划，乡村文化项目建设标准化和发展样板化等问题凸显，导致乡村文化旅游产品开发缺乏创意创新，无法满足人民日益增长的文化需要和消费诉求。如某些乡村旅游目的地拥有极具地方特色的物质或非物质文化遗产，但因其发展方式老套呆板，致使乡土文化个性和特色被抹杀，从而导致乡村旅游产品缺乏文化价值特色和乡村地方调性。

8. 关键要素普遍较为缺乏

乡村旅游发展离不开土地、人才、资金等关键要素的投入。

在土地方面，乡村旅游建设用地少是不少地方的普遍问题。以贵州为例，该省是没有平原支撑的省份，乡村旅游建设土地供给不足，用地指标过少，土地政策不活，难以形成一定的规模和体量。在人才方面，乡村旅游既需要运营管理、商业服务、市场营销、创意设计、现代农业等专门人才，也需要大量以当地村民为主的实用技能人才。由于乡村经济发展水平不高，目前很多地方乡村旅游服务的从业者基本为当地村民，很难吸引具有良好专业教育水平的从业者。由于村民普遍受教育程度不高，专业素质低，服务意识不强，缺乏系统化、长期性和有效率的培训，制约了乡村旅游的高质量发展。在资金方面，一些地方对乡村旅游的资金投入不足，融资困难，导致一些乡村旅游点基础设施简陋，在食宿、娱乐、医疗、安全、消防和应急等方面的服务能力较弱，乡村公路路况较差，道路标识标牌等不健全、不规范。一些乡村旅游点游客服务中心、停车场、污水处理等公共设施简陋，设备不足。乡村旅游的健康发展也离不开有效的监管和科学的统计。由于乡村旅游经营户分布相对分散，一些地方行政管理人手有限，难以实施有效监管；与此同时，乡村旅游统计难度大，亟须依靠实施精细化管理和大数据统计分析，为管理决策者提供科学依据。尽管一些地区也在不断尝试，但终因缺乏有效的网络信息服务与管理平台，难以实现有效监管。

9. 生态环境保护面临挑战

乡村旅游是在乡村推进生态文明建设的重要载体。值得注意的是，不少乡村旅游项目对生态环境保护重视不足，粗放式、盲目性、无序化的旅游发展对乡村生态环境造成不同程度的破坏。具体体现在以下两个方面。

一方面，乡村旅游开发的生态保护意识淡薄。近年来，受"重绩效、拼经济"理念的影响，部分地区在开发乡村旅游项目时追求"短、平、快",过分强调经济效益,而对生态保护重视不足。一些乡村旅游项目在前期开发阶段,以"走马观花式考察"代替深入、严谨、专业的调查、论证、评估,盲目批准、开展旅游项目。一些乡村旅游项目在中期建设阶段,因缺乏必要的规范约束和监管措施,部分项目开发造成建设性破坏或经营性破坏,给乡村生态环境带来较大的负面影响。

另一方面,乡村旅游的环境承载力面临挑战。中国每年超30亿人次的乡村旅游客流量,在带来可观经济收益的同时,也对乡村生态环境造成巨大压力,导致乡村旅游发展和生态环境保护之间的矛盾日渐突出。在乡村旅游开发、建设和经营过程中,积少成多的环境污染造成了不同程度的生态损失,例如水体污染加剧、大气质量下降、固体废弃物增多、植被和土壤被破坏等。与此同时,乡村地区缺少相对完善且先进的垃圾处理和生态环境保护技术,加之乡村的自然生态循环与恢复能力又相对较为缓慢,随着游客规模的持续增大,乡村旅游目的地的环境保护工作面临巨大压力。

四 乡村旅游发展的政策演变

改革开放 40 多年来，中国乡村旅游发展取得了显著成就，且已成为全面推进乡村振兴、实现"三农"现代化的重要抓手和突破口。回顾中国乡村旅游的发展历程，其快速发展和巨大成就在很大程度上得益于科学合理的政策引导和制度安排。为此，有必要梳理中国乡村旅游发展的政策文件，并剖析乡村旅游政策的发展脉络、内容要点和基本特征。

（一）政策阶段

在一系列政策的支持下，中国乡村旅游经历了萌芽启动、初步形成、发展壮大、全面提升的发展阶段，并形成了从自发到有序、从点到面的发展格局。纵观乡村旅游相关政策，可以发现其大致经历了政策依附、政策起步、政策发展和政策深化 4 个阶段。

1. 依附阶段（1978—1997 年）

20 世纪 80 年代，中国就已经有乡村旅游发展，如 1982 年贵州开发的石头寨民族风情旅游、1984 年广东珠海白藤湖开办的农民度假村等。在发展初期，乡村旅游缺乏足够的市场规模，并没有成为大众关注的热点旅游产品，其发展模式基本处于一种自发的发展状态。政策方面，除少数地方个别零星的支持政策之外，几乎没有省级和国家级层面的专门针对乡村旅游的支持政策。在此阶段，有关乡村旅游的支持政策均是依附于其他行业相关政策（马静、舒伯阳，2020）。

2. **起步阶段**（1998—2003 年）

在 1998 年亚洲金融危机的影响下，旅游业被列为国民经济的新增长点，加之 1999 年国庆黄金周的推行以及城镇居民收入的增长，国内旅游开始进入大发展阶段。在此阶段，交通基础设施改善以及自驾车逐步兴起，一些散客开始前往乡村地区进行旅游活动。乡村旅游主要围绕"农业旅游"和"乡村风情"展开，如 1998 年国家旅游局将中国旅游主题定位为"华夏城乡游"，包括吃农家饭、住农家院、做农家活、看农家景、享农家乐；再如 2002 年提出的"民间艺术游"的旅游主题，将"乡村风情"的概念引入民众的视野，并引起了极大反响。

从政策发展来看，这一阶段出现了几个关于"农业旅游"的政策文件，为乡村旅游的初步形成奠定了政策基础。2000 年 6 月，国务院办公厅转发了国家旅游局等部门《关于进一步发展假日旅游若干意见的通知》，并提出"要积极发展城市郊区和重点景区周围的农业旅游、森林旅游和度假休闲旅游"；2001 年，国家旅游局制定并出台了《农业旅游发展指导规范》，公布了首批农业旅游示范点候选名单，在一定程度上推动了乡村旅游的初步发展；2002 年 10 月，国家旅游局进一步颁布《全国农业旅游示范点、工业旅游示范点检查标准（试行）》，为农业旅游实现产品化建设和产业化发展，以及农业旅游的产品专业化、规范化和市场化水平的提升奠定了基础。该阶段的乡村旅游政策，旨在引导各地开展农业旅游活动，以实现提高农民经济收入的目标。

3. **发展阶段**（2004—2011 年）

2004 年，中央一号文件《中共中央 国务院关于促进农民增加收入若干政策的意见》，将"三农"问题作为重中之重，并上升到国家发展战略重点的高度。文件以提高农民经济收入为目标，提出从资金投入、基础设施和土地利用等方面为农村发展第三产业创造条件。在此背景下，乡村旅游作为农村第三产业的重要组成部分，迎来了前所未有的发展机遇；乡村旅游作为"三农"政策的一个领域，开始出现在我国政府文件中，与乡村旅游直接相关的政策也开始密集出现。

2006年，国家旅游局提出了"中国乡村游"的旅游主题，同年发布的"十一五"规划提出要"发展休闲观光农业、促进农民增收"。同年8月，国家旅游局出台了《关于促进农村旅游发展的指导意见》，指出农村旅游是"参与社会主义新农村建设的积极实践，是以城带乡的重要途径"，并就农村旅游发展的重要意义、指导思想和基本原则、工作目标和工作重点进行了详细阐述。

2007年，中央一号文件《中共中央 国务院关于积极发展现代农业扎实推进社会主义新农村建设的若干意见》中，首次提出要特别重视发展乡村旅游业，认为乡村旅游是特色农业的重要组成部分。同年3月，国家旅游局和农业部联合发布了《关于大力推进全国乡村旅游发展的通知》，该通知中提出要充分利用"三农"资源发展旅游业，全面拓展农业功能和领域，积极促进农民增收致富，决定大力推进全国乡村旅游工作。

2008年的中央一号文件《中共中央 国务院关于切实加强农业基础建设进一步促进农业发展农民增收的若干意见》和2009年的中央一号文件《中共中央 国务院关于2009年促进农业稳定发展农民持续增收的若干意见》，继续对乡村旅游发展做出指示，提出要提高乡村旅游发展水平，发展生态旅游业。2009年7月，国家旅游局规划财务司发布了《全国乡村旅游发展纲要（2009—2015年）（征求意见稿）》，为促进乡村旅游更好更快发展和转型升级，进一步发挥乡村旅游对拉动消费、促进增长、统筹城乡区域发展的特殊功能,从乡村旅游的重要意义、基本情况、指导思想和基本原则、方向和目标、主要任务和保障措施等方面提出了明确的战略规划。同年12月,国务院发布的《关于加快发展旅游业的意见》中指出,要将城市公共服务网络逐步延伸到乡村旅游点;实施乡村旅游富民工程,开展各具特色的农业观光和体验性旅游活动,合理利用民族村寨、古村古镇,建设特色景观旅游村镇,规范发展"农家乐"、休闲农庄等旅游产品;重点支持乡村旅游的基础设施建设;并鼓励乡村旅游经营户以互助联保方式实现小额融资。

2010年,中央一号文件《中共中央 国务院关于加大统筹城乡发展力度 进一步夯实农业农村发展基础的若干意见》中提出要"积极发展休闲农业、乡村旅游、森林旅游和农村服务业,拓展农村非农就业空间",把乡村旅游作为非农就业的重要领域。同年8月,农业部和国家旅游局联合发布了《关于开展全国休闲农业与乡村旅游示范县和全国休闲农业示范点创建活动的意见》,对全国休闲农业与乡村旅游示范县以及全国休闲农业示范点的基本条件及相应的申报范围和程序、认定及管理、工作要求做出详细阐释,旨在加快休闲农业和乡村旅游的发展。

总体来讲,该阶段出台的相关政策多是将乡村旅游作为农村的特色产业进行阐释,旨在通过发展乡村旅游提高农民的非农收入、促进农民的非农就业,注重经济目标的实现。在中央一号文件的指引下,国家旅游局和农业部联合发布了几个基础性的政策文件,就如何促进休闲农业和乡村旅游发展做出一些基本的要求和引领,突出体现了乡村旅游和农业密切结合的特点。

4. 深化阶段（2012年至今）

党的十八大以来,乡村旅游发展作为破解"三农"问题、实施乡村振兴战略的重要载体,其支柱产业地位和综合带动作用更为突出,"乡村旅游"开始频繁出现在诸多政策文件中,乡村旅游相关政策也进入深化阶段,各类政策组合推进乡村旅游发展。

第一,从中央一号文件来看,该阶段"乡村旅游"在中央一号文件中的出现频次和政策条目明显增多,乡村旅游由最初解决"三农"问题的"附属品"转变到"繁荣农村、富裕农民"的新兴支柱产业,再到"旅游+"的大产业格局,现已成为实施乡村振兴战略的重要载体(文枚等,2021)。2012年的中央一号文件《中共中央 国务院关于加快推进农业科技创新持续增强农产品供给保障能力的若干意见》提出支持森林旅游发展,以实现农村生态建设的目标;2013年的中央一号文件《中共中央 国务院关于加快发展现代农业进一步增强农村发展活力的若干意见》进一步指出,要通过发展乡村旅游和休闲农业实现推进生态文明建设目标,同时还鼓励社会资本投资文化旅游等事业;2015年的中央一号文件《中共中央 国务院关于加大改革创新力度加快农业现代化建设的若干意见》从旅游村镇建设、旅游产品开发、基础设施建设、相关扶持政策等方面就如何推进农村一二三产业融合发展明确了方向,并提出乡村旅游扶贫工程;2016年的中央一号文件《中共中央 国务院关于落实发展新理念加快农业现代化实现全面小康目标的若干意见》提出要"大力发展休闲农业和乡村旅游",将其作为繁荣农村、富裕农民的新兴支柱产业;2017年的中央一号文件《中共中央 国务院关于深入推进农业供给侧结构性改革加快培育农业农村发展新动能的若干意见》进一步提出要"大力发展乡村休闲旅游产业",利用"旅游+"的模式推进农村产业融合发展,拓展乡村旅游功能、丰富乡村旅游业态和产品,同时还就特色村镇建设、用地保障机制等做出安排;2018年的中央一号文件《中共中央 国务院关于实施乡村振兴战略的意见》提出要发挥乡村旅游的融合发展作用,通过实施休闲农业和乡村旅游精品工程等，实现乡村旅游在农村劳动力转移就业和农民增收等方面的带动作用；2019年的中央一号文件《中共中央 国务院关于坚持农业农村优先发展做好"三农"工作的若干意见》提出要改善农村人居环境，加强乡村基础设施建设，发展适应城乡居民需要的休闲旅游等产业；2020年的中央一号文件《中共中央 国务院关于抓好"三农"领域重点工作确保如期实现全面小康的意见》提出实施乡村文化人才培养工程，注重乡村文化的挖掘、保护与开发；2021年的中央一号文件《中共中央 国务院关于全面推进乡村振兴加快农业农村现代化的意见》将休闲农业和乡村旅游作为现代乡村产业体系的重要组成部分，要完善相关配套设施和基础设施建设；2022年的中央一号文件《中共中央 国务院关于做好2022年全面推进乡村振兴重点工作的意见》提出要"持续推进农村一二三产业融合发展，实施乡村休闲旅游提升计划"，推动乡村旅游高质量发展；2023年的中央一号文件《中共中央 国务院关于做好2023年全面推进乡村振兴重点工作的意见》在全面推进乡村振兴战略的宏观背景下，进一步强调要加快发展现代乡村服务业，推动乡村旅游提质升级，持续加强乡村基础设施建设。

第二，从"三农"领域的相关文件来看，近年来有关乡村旅游的内容逐渐增多。2014年1月，中共中央办公厅、国务院办公厅印发的《关于创新机制扎实推进农村扶贫开发工作的意见》中将乡村旅游作为扶贫工作的重要抓手，强调要加强贫困地区的旅游资源调查工作，依托优势旅游资源，通过乡村旅游带动农户脱贫致富。2015年8月，国务院办公厅印发《关于加快转变农业发展方式的意见》，将乡村旅游视为农业的拓展功能之一，要求对休闲农业和乡村旅游发展给予政策扶持，并就旅游村镇的文化保护工作做出指示。同年8月，农业部等部门联合发布了《关于积极开发农业多种功能大力促进休闲农业发展的通知》，明确了发展休闲农业的重要意义、总体要求、主要任务、政策措施和组织领导等内容。2016年5月，农业部等部门联合印发了《"互联网+"现代农业三年行动实施方案》（以下简称《方案》），旨在发挥互联网在农业现代化中的作用。《方案》中指出要推进乡村旅游资源和服务在线化发展，为乡村旅游的智慧化、数字化奠定了基础。同年11月，农业部印发了《全国农产品加工业与农村一二三产业融合发展规划（2016—2020年）》，强调要拓展农业的多种功能，通过产业深度融合发展，促进休闲农业和乡村旅游的多样化、多元化发展。当月，为推进现代农业和旅游业的深度融合发展，国家旅游局和农业部联合印发了《关于组织开展国家现代农业庄园创建工作的通知》，并就现代农业庄园的创建工作做出指示。2017年2月，为加快农村基础设施建设步伐，国务院办公厅印发了《关于创新农村基础设施投融资体制机制的指导意见》，指出要将农村基础设施与乡村旅游发展进行捆绑，实行一体化开发与建设，以实现相互促进、互利共赢的目标。2018年9月，中共中央、国务院印发了《乡村振兴战略规划（2018—2022年）》（以下简称《规划》），指出乡村旅游作为乡村振兴的重要抓手，已成为推进乡村发展的重要力量。该规划中还指出合理利用村庄的特色资源发展乡村旅游；实施休闲农业和乡村旅游精品工程，培育新业态；大力发展生态旅游等产业，发挥乡村自然资源的多重效益；推动文化、旅游与其他产业深度融合和创新发展。2019年4月，农业农村部办公厅印发了《2019年农业农村绿色发展工作要点》，将乡村旅游作为农业农村绿色发展的重要内容，指出要通过实施休闲农业和乡村旅游精品工程实现农业资源保护的目标。同年6月，国务院印发《关于促进乡村产业振兴的指导意见》，将乡村休闲旅游业作为乡村产业振兴的重要载体，再次指出要实施休闲农业和乡村旅游精品工程，并推动农业与文化、旅游等产业的融合发展。同年5月，中共中央办公厅、国务院办公厅印发了《数字乡村发展战略纲要》，之后农业农村部等进一步印发《数字农业农村发展规划（2019—2025年）》，就乡村的数字化问题做出指引，旨在加快"三农"领域的数字化改造，其中明确了智慧旅游业、智慧休闲农业平台、数字化服务体系等问题。2020年2月，《农业农村部关于落实党中央、国务院2020年农业农村重点工作部署的实施意见》中指出，要大力发展富民乡村产业，促进农民持续增收。当月，农业农村部办公厅印发了《2020年乡村产业工作要点》，明确指出促进农业与旅游等现代产业的渗透融合，积极发展乡村休闲旅游，培育休闲旅游精品，推介休闲旅游精品路线和精品点。同年7月，农业农村部印发了《全国乡村产业发展规划（2020—2025年）》，就乡村休闲旅游业的发展现状、发展目标、优化路径进行了详细阐述。乡村旅游作为乡村特色产业，在乡村产业振兴中的作用日益凸显。2020年3月，农业农村部印发了《新型农业经营主体和服务主体高质量发展规划（2020—2022年）》，就乡村旅游的经营和服务主体现状进行了说明。同年4月，农业农村部办公厅印发了《社会资本投资农业农村指引》，指出要调动社会资本投资农业农村的积极性和主动性，鼓励社会资本发展休闲农业、乡村旅游、餐饮民宿等产业，引导社会资本发展乡村特色文化产业。同年6月，农业农村部等部门联合印发了《关于深入实施农村创新创业带头人培育行动的意见》，指出要扶持返乡创业农民工发展休闲旅游业，并支持农村创新创业带头人创办乡村旅游，以吸纳更多农村劳动力就地就近就业。同年11月，农业农村部等部门进一步印发了《关于推进返乡入乡创业园建设 提升农村创业创新水平的意见》，指出要提升、拓展一批包括休闲旅游在内的返乡入乡创业园，并探索创新用地方式支持返乡入乡人员发展乡村旅游。上述"三农"政策为乡村旅游多元化发展主体的构建奠定了基础。

第三，从"旅游"领域的相关文件来看，乡村旅游作为新时代中国旅游业的重要组成部分，在旅游相关的政策文件中所占比重越来越大。2014年8月，国务院出台了《关于促进旅游业改革发展的若干意见》，指出要大力发展乡村旅游以拓展旅游发展空间，并从乡村旅游产品开发、旅游村镇建设、乡村旅游精准扶贫、乡村旅游服务体系和乡村旅游人才支撑等方面做出指引。2015年8月，国务院办公厅印发了《关于进一步促进旅游投资和消费的若干意见》，指出要实施乡村旅游提升计划以开拓旅游消费空间，并就乡村旅游的发展方向、配套设施建设、创客行动和旅游扶贫等问题进行了详细阐释。同年11月，国土资源部、住房和城乡建设部以及国家旅游局联合发布了《关于支持旅游业发展用地政策的意见》，其中对乡村旅游用地问题给予了明确指引，以引导乡村旅游规范发展。2016年12月，国务院印发了《"十三五"旅游业发展规划》，将大力发展乡村旅游作为优化旅游产品结构、创新旅游产品体系的重要内容之一，提出要坚持个性化、特色化、市场化发展方向，建立乡村旅游重点村名录，实施乡村旅游"后备箱行动"、创客行动计划，并创新旅游组织方式。2018年11月，文化和旅游部出台了《关于提升假日及高峰期旅游供给品质的指导意见》，指出要着力开发乡村民宿游以加大旅游新业态建设，要重点打造以民宿为核心的乡村旅游产品，以加快旅游产品升级改造。2019年1月，文化和旅游部进一步出台了《关于实施旅游服务质量提升计划的指导意见》，指出要加强乡村民宿在内的旅游住宿新业态的指导和管理工作，推动乡村民宿服务质量提档升级。同年8月，国务院办公厅出台了《关于进一步激发文化和旅游消费潜力的意见》，指出要积极发展休闲农业，大力发展乡村旅游，以丰富旅游产品供给。2021年2月，文化和旅游部、国家发改委和国家体育总局联合印发了《冰雪旅游发展行动计划（2021—2023年）》，乡村冰雪旅游被首次提及，将推动乡村冰雪旅游发展作为丰富冰雪旅游供给的重要内容之一。同年5月，文化和旅游部出台了《关于加强旅游服务质量监管 提升旅游服务质量的指导意见》，就乡村旅游服务人才队伍建设问题，指出要开展乡村文旅能人支持培养项目，提升乡村旅游人才的服务质量意识和专业化水平。2022年1月，国务院印发了《"十四五"旅游业发展规划》，指出乡村旅游已成为助力乡村振兴的重要生力军，并就乡村旅游在优化城乡旅游休闲空间、丰富旅游产品供给、增强市场主体活力等方面的工作做出了明确指引。2023年3月，文化和旅游部出台了《关于推动在线旅游市场高质量发展的意见》，指出要对全国乡村旅游重点村镇给予一定的标签展示和推荐，以推动旅游经营者数字化转型升级，并发挥在线旅游经营者的优势以宣传推介乡村旅游产品。同年4月，工业和信息化部、文化和旅游部联合印发了《关于加强5G+智慧旅游协同创新发展的通知》，指出要加强包括乡村旅游在内的5G+智慧旅游产品供给，同时要建设5G+智慧旅游样板村镇，在网络覆盖、数字化建设、精品项目打造等方面做出指导。2023年9月，国务院办公厅印发了《关于释放旅游消费潜力 推动旅游业高质量发展的若干措施》，提出要开展乡村旅游提质增效行动以加大优质旅游产品和服务供给，包括文化产业赋能乡村振兴试点、乡村旅游重点村镇建设、打造乡村旅游线路和系列活动等。乡村旅游作为重要的产品供给和消费领域之一，在旅游类政策文件的指引下不断发展壮大、成熟完善。

第四，从聚焦"乡村旅游"的文件来看，该阶段中国乡村旅游飞速发展，与之相配套的政策密集出台，乡村旅游发展政策开始形成系统化的政策体系框架。2013年3月，农业部和国家旅游局印发了《关于继续开展全国休闲农业与乡村旅游示范县、示范点创建活动的通知》，就全国休闲农业与乡村旅游示范县示范点创建的指导思想、基本原则、目标任务进行了详细说明，并提出相关创建条件及相应的申报范围和程序、认定及管理、工作要求，以推动休闲农业与乡村旅游提档升级、集群发展。2014年11月，国家发改委、国家旅游局等部门联合印发了

《关于实施乡村旅游富民工程推进旅游扶贫工作的通知》，将乡村旅游作为农村扶贫开发工作的重要方式之一，就乡村旅游扶贫的总体要求、重点任务和组织实施工作进行了阐释。2015年8月，农业部等部门联合发布了《关于积极开发农业多种功能大力促进休闲农业发展的通知》，明确了发展休闲农业的重要意义、总体要求、主要任务、政策措施和组织领导等内容。2016年4月，为贯彻落实中央一号文件关于大力促进休闲农业和乡村旅游发展的决策部署，农业部办公厅印发了《关于深入开展全国休闲农业和乡村旅游示范县（市、区）创建工作的通知》，进一步对全国休闲农业和乡村旅游示范县（市、区）创建的目标任务、基本原则、创建条件、申报程序、认定与管理和工作要求做出说明，旨在培育休闲农业和乡村旅游品牌，发挥典型示范带动作用。同年7月，农业部等部门联合印发了《关于大力发展休闲农业的指导意见》，从发展休闲农业的重要意义、总体要求、主要任务、保障措施和组织领导等方面进行了说明，主要任务包括加强规划引导、丰富产品业态、改善基础设施、推动产业扶贫、弘扬优秀农耕文化、保护传统村落、培育知名品牌等。同年8月，为充分发挥乡村旅游在精准扶贫、精准脱贫中的重要作用，国家旅游局等部门联合印发了《乡村旅游扶贫工程行动方案》，提出了乡村旅游扶贫工程的主要任务和乡村旅游扶贫的八大行动。2017年5月，农业部办公厅发布了《关于推动落实休闲农业和乡村旅游发展政策的通知》，旨在解决部分地区对乡村旅游政策认识不足、重视不够、落实不力等问题，以促进中央政策落地生效。同年7月，国家发改委等部门联合出台了《促进乡村旅游发展提质升级行动方案（2017年）》，该行动方案对乡村旅游发展的总体要求、行动任务、组织实施做出部署，旨在进一步发挥乡村旅游在稳增长、促消费、减贫困、惠民生等方面的积极作用。2018年10月，国家发改委等部门进一步联合出台了《促进乡村旅游发展提质升级行动方案

（2018年—2020年）》，该行动方案从乡村基础设施建设、农村人居环境治理、乡村旅游产品和服务标准、乡村旅游投资和配套政策等方面做出系统部署，旨在发挥乡村旅游在促进消费、改善民生、推动高质量发展中的带动作用。同年11月，文化和旅游部、国家发改委等部门联合印发了《关于促进乡村旅游可持续发展的指导意见》，明确提出乡村旅游要通过绿色发展、特色发展、多元发展以及品质发展实现融合发展，并从规划布局、设施服务、产品品质、品牌营销、农民脱贫等方面给出了具体措施，引领乡村旅游走向可持续发展道路。2019年6月，文化和旅游部办公厅联合国家发改委办公厅共同发布了《关于开展全国乡村旅游重点村名录建设工作的通知》，就全国乡村旅游重点村建设的工作目标、遴选标准、工作程序、工作要求、后续支持和管理等问题进行了说明。同年7月，文化和旅游部办公厅联合中国农业银行办公室进一步发布了《关于金融支持全国乡村旅游重点村建设的通知》。2022年7月，文化和旅游部与公安部等部门联合印发了《关于促进乡村民宿高质量发展的指导意见》，就乡村民宿发展的总体要求、重点任务和保障措施做出部署，以推动乡村民宿高质量发展。2023年6月，文化和旅游部办公厅联合中国银行印发了《关于金融支持乡村旅游高质量发展的通知》，提出了"加大信贷投放""推进产品创新""开展综合服务"等金融支持措施，以加大对乡村旅游高质量发展的金融支持。

第五，从其他相关文件来看，乡村旅游已不再局限于解决"三农"问题，其在脱贫攻坚、生态文明建设、文化传承等方面的综合作用越发明显。脱贫攻坚方面，2016年2月，中共中央办公厅、国务院办公厅印发的《关于加大脱贫攻坚力度支持革命老区开发建设的指导意见》中指出，要支持革命老区建设红色旅游景点景区，积极推进革命老区贫困村旅游扶贫试点工作，加快实施乡村旅游富民工程，以实现脱贫目标。同年11月，国务院印发了《"十三五"脱贫攻坚规划》，将旅游扶贫作为重要的扶贫方式进行了详细阐述，指出要因地制宜发展乡村旅游、大力发展休闲农业、积极发展特色文化旅游，并提出了旅游基础设施提升工程、乡村旅游产品建设工程、休闲农业和乡村旅游提升工程、森林旅游扶贫工程、乡村旅游后备箱工程、乡村旅游扶贫培训宣传工程等旅游扶贫工程。生态文明建设方面，2019年3月，文化和旅游部办公厅印发了《关于贯彻落实〈国家级文化生态保护区管理办法〉的通知》，指出要积极探索将文化生态保护区和乡村旅游相结合，以做好国家级文化生态保护区总体规划的实施与衔接工作。文化传承方面，2021年3月，文化和旅游部等部门联合印发了《关于推动公共文化服务高质量发展的意见》，将加强乡村文化治理作为主要任务之一，指出要加强乡村地区非物质文化遗产的保护和利用，并提出要结合全国乡村重点村镇建设，打造特色乡村文化和旅游品牌。同年8月，文化和旅游部等八部门联合印发了《关于进一步推动文化文物单位文化创意产品开发的若干措施》，提出要推动旅游商品提质升级，将旅游商品质量保障、文化特色等要求纳入乡村旅游重点村镇的遴选条件中。同年12月，文化和旅游部办公厅等联合印发的《关于持续推动非遗工坊建设助力乡村振兴的通知》中，提出要依托乡村旅游创客基地，推动非遗工坊建设与乡村旅游相结合，实现以旅彰文的目的。2022年3月，文化和旅游部等部门联合出台的《关于推动文化产业赋能乡村振兴的意见》中，将文旅融合赋能作为重点领域之一，提出实施乡村旅游艺术提升计划行动，将创意设计、演出、节庆会展等与乡村旅游深度融合，并推动非物质文化遗产融入乡村旅游各环节。同年6月，文化和旅游部等部门联合印发的《关于推动传统工艺高质量传承发展的通知》中，提出要建设高素质传承人才队伍，支持各地在乡村旅游重点村镇建设中丰富传统工艺产品供给，扩大传统工艺消费市场。

受政策引导、消费增长、便利化程度提升等多重作用的推动，该阶段乡村旅游得以进一步发展，并已成长为一种重要的旅游形式。从上述政策文件可以看出，在各类政策的组合推进下，该阶段的乡村旅游政策体系架构已经逐渐形成并趋于成熟，相关政策目标从最初的单一经济目标逐步过渡到经济、社会、生态、文化等多重综合目标，即突破了传统的"三农"功能，开始注重乡村旅游在生态文明建设、文化传承以及共同富裕中的综合作用。

（二）政策内容

通过对乡村旅游政策内容进行梳理，发现现有乡村旅游政策已初成体系，既包括宏观引导型政策，又包括微观支持型政策，还包括过程中的保障和规制政策（舒伯阳、马静，2019；刘玲等，2023）。因此，本部分将乡村旅游政策分为引导型政策、支持型政策、保障型政策和规制型政策四种类型，并分别进行阐述。

1. 引导型政策

乡村旅游发展的引导型政策包括资源产品引导、发展方式引导、消费市场引导三种类型。

资源产品引导型政策方面，2009年出台的《全国乡村旅游发展纲要（2009—2015年）》中提出，要实施乡村旅游产品开发工程，建设特色旅游乡镇/村、乡村旅游示范区和乡村旅游集聚区等；同时还提出要实施乡村旅游商品开发工程，扶持引导传统手工艺和农副产品加工业的发展，积极支持和鼓励农民依托于当地的特有资源，设计、开发和销售旅游商品。2014年出台的《国务院关于促进旅游业改革发展的若干意见》中指出，要将乡村旅游与新型城镇化有机结合，利用民族村寨、古村古镇等建设一批特色景观旅游名镇名村。2016年出台的《关于大力发展休闲农业的指导意见》中提出开发休闲农庄、乡村酒店、特色民宿、自驾车房车营地、户外运动等乡村旅游产品，并鼓励各地探索建设农业主题公园、农业嘉年华、教育农园、摄影基地、特色小镇、渔人码头、运动垂钓示范基地等融合型产品。2016年出台的《乡村旅游扶贫工程行动方案》中指出，要发展一批以农家乐、渔家乐、牧家乐、休闲农庄、森林人家为主题的乡村度假产品，并策划一批采摘、垂钓、农事体验等参与型的旅游娱乐活动。2018年出台的《关于促进乡村旅游可持续发展的指导意见》（以下简称《意见》）中指出，要合理利用古村古镇、民族村寨、文化村镇，培育一批乡村旅游精品线路，并鼓励推进避暑旅游、冰雪旅游、森林旅游、康养旅游和民俗旅游等乡村旅游新业态。与此同时，《意见》中还指出要开发一批乡村文化旅游产品，发展乡村特色文化产业，并加快开发森林观光、山地度假、水域休闲、冰雪娱乐、温泉养生、中医药旅游、乡村民宿、乡村养老等新型乡村旅游产品。2021年文化和旅游部等部门联合出台的《冰雪旅游发展行动计划（2021—2023年）》中指出，要推动乡村冰雪旅游发展，建设冰雪主题村镇，开展冰雪娱乐活动，丰富冰雪旅游产品供给。2022年文化和旅游部等部门联合出台的《关于促进乡村民宿高质量发展的指导意见》中提出，要加强民宿产品建设，将农耕文化、传统工艺、民宿礼仪、风土人情等融入乡村民宿产品建设中，打造特色鲜明、类型丰富、品质优良、价格合理的产品体系。2021年文化和旅游部办公厅等部门联合出台的《关于持续推动非遗工坊建设助力乡村振兴的通知》中指出，要推动非遗工坊建设与乡村旅游相结合，培育特色鲜明、体现地方人文的研学旅游项目。

发展方式引导型政策方面，2015年出台的《国务院办公厅关于进一步促进旅游投资和消费的若干意见》中指出，要坚持乡村旅游个性化和特色化发展方向，立足于当地特色和生态环境优势，开发建设形式多样、特色鲜明、个性突出的乡村旅游产品。2016年农业部等部门联合出台的《关于大力发展休闲农业的指导意见》中指出，要加大资源整合力度，形成休闲农业点（村、园），打造休闲农业产业带和产业群，推动乡村旅游发展实现生产标准化、经营集中化、服务规范化、功能多样化。2017年出台的《促进乡村旅游发展提质升级行动方案（2017年）》中提出，要促进"旅游+农业+互联网"融合发展，发展智慧乡村旅游。2018年出台的《关于促进乡村旅游可持续发展的指导意见》中指出，乡村旅游要坚持生态优先、绿色发展，因地制宜、特色发展，以农为本、多元发展，丰富内涵、融合发展，共建共享、融合发展的基本原则，以全面提升乡村旅游的发展质量和综合效益形成布局合理、类型多样、功能完善、特色突出的乡村旅游发展格局。2022年出台的《"十四五"旅游业发展规划》中指出，要实施乡村旅游精品工程，推出一批全国乡村旅游重点村镇，打造全国乡村旅游精品线路，公布一批国际乡村旅游目的地，培育一批乡村旅游集聚区，构建全方位、多层次的乡村旅游品牌体系。2022年出台的《关于推动文化产业赋能乡村振兴的意见》中指出，要坚持以文塑旅、以旅彰文，实施乡村旅游艺术提升计划行动，设计开发具有文化特色的乡村旅游品牌，推动非物质文化遗产融入乡村旅游各环节，培育一批乡村非物质文化遗产旅游体验基地。2023年出台的《工业和信息化部 文化和旅游部关于加强5G+智慧旅游协同创新发展的通知》中指出，要推动乡村旅游智慧化发展，重点加强全国乡村旅游重点村镇和乡村旅游资源丰富地区的5G网络覆盖，推进5G乡村旅游资源和产品数字化建设，打造5G乡村旅游精品项目，建设5G+智慧旅游样板村镇。

消费市场引导型政策方面，2009年出台的《全国乡村旅游发展纲要（2009—2015年）》中提出，要实施乡村出游市场培育工程，积极培育农民旅游市场、培养农民旅游意识等。2022年文化和旅游部等部门联合出台的《关于促进乡村民宿高质量发展的指导意见》中提出，要引导合理消费，对节庆、假期等时间段的旅游高峰期加强信息服务以缓解拥挤压力，并倡导健康消费和理性消费，避免片面追求高奢消费。

2. 支持型政策

乡村旅游发展的支持型政策包括资金支持、税收支持、土地支持、人才支持、旅游服务设施支持、基础设施支持六种类型。

资金支持方面，2009年出台的《全国乡村旅游发展纲要（2009—2015年）》中提出，要争取建立乡村旅游发展专项基金，同时加大对乡村旅游基础设施建设的资金投入，并在小额贷款、信贷支持、担保支持等方面对乡村旅游融资担保体系的建立和完善做出指导。2016年农业部等部门联合出台的《关于大力发展休闲农业的指导意见》中进一步提出，可将乡村建设资金向休闲农业集聚区倾斜，鼓励采取以奖代补、先建后补、财政贴息、设立产业基金等方式加大财政扶持，金融机构也要加大对休闲农业经营主体的信贷支持力度，创新担保机制和信贷模式，同时鼓励社会资本通过PPP模式、众筹模式、"互联网+"模式、发行债券等模式投资休闲农业。2017年出台的《促进乡村旅游发展提质升级行动方案（2017年）》中提出，要推动普惠金融发展，加大对乡村旅游经济主体的金融支持力度，并加强乡村旅游信用体系建设。2018年出台的《促进乡村旅游发展提质升级行动方案（2018年—2020年）》中进一步提出，鼓励和引导民间资本参与乡村基础设施建设和运营，引导金融机构创新金融产品、扩展融资渠道、降低融资条件和门槛。与此同时，支持乡村旅游企业通过发行非金融企业债券融资工具进行直接融资，通过建立乡村旅游产业投资基金进行市场化运作，通过发放中长期贷款、拓宽抵押担保物范围等加大贷款支持力度。2019年出台的《文化和旅游部办公厅 中国农业银行办公室关于金融支持全国乡村旅游重点村建设的通知》中指出，中国农业银行将向重点村提供1000亿元意向性信用额度，同时将推广"景区开发贷""美丽乡村贷""农家乐贷"等乡村旅游特色金融产品，并在贷款定价、融资期限、服务收费等方面给予优惠和倾斜，以支持乡村旅游重点村建设。2023年文化和旅游部办公厅联合中国银行出台的《关于金融支持乡村旅游高质量发展的通知》中指出，要加大信贷投放力度，为乡村旅游提供全方位金融服务，并按规定给予优惠和倾斜；还要推进金融产品创新，推广"惠如愿·农文旅贷""美丽乡村贷""乡村振兴·休闲贷""民宿贷"等乡村旅游特色产品；同时依托于"中银e企赢"平台为乡村旅游产业链相关企业提供综合信息服务。

税收支持方面，2009年出台的《全国乡村旅游发展纲要（2009—2015年）》中提出，引导并支持对乡村旅游发展所得税留成部分进行全额补助。2016年出台的《"十三五"旅游业发展规划》中指出，要完善旅游财税政策，乡村旅游经营户可以按照规定享受小微企业增值税优惠政策，并在水电气等方面享受同一般工业企业同等政策。2022年文化和旅游部等部门联合出台的《关于促进乡村民宿高质量发展的指导意见》中提出，对于返乡进行民宿开发创业的，按照规定给予相关税收优惠政策。

土地支持方面，2009年出台的《全国乡村旅游发展纲要（2009—2015年）》中提出，要用好用活土地流转、土地整治和土地转换等土地政策，并通过建新拆旧和土地复垦等保障乡村旅游项目建设用地。与此同时，还创新性地提出了完善农村土地使用权流转、引导农村闲置宅基地资源入股等支持政策。2015年国土资源部等部门联合出台的《关于支持旅游业发展用地政策的意见》中指出，农村集体经济组织可以使用建设用地自办或以土地使用权入股、联营等方式开展旅游接待服务，其他单位或个人可以通过承包经营流转的方式使用农民集体所有的土地从事旅游相关的生产和服务。2016年农业部等部门联合出台的《关于大力发展休闲农业的指导意见》中进一步提出，要将休闲农业和乡村旅游项目建设用地纳入土地利用总体规划，并支持有条件的地方通过盘活农村闲置房屋、集体建设用地、"四荒地"、可用林场和水面以及边远海岛等资产资源发展休闲农业。2017年出台的《促进乡村旅游发展提质升级行动方案（2017年）》中提出，要落实长期租赁、先租后让、租让结合方式的乡村旅游建设用地政策，允许以农村集体建设用地使用权和居民自有住宅等入股、联营。2018年出台的《关于促进乡村旅游可持续发展的指导意见》中指出，鼓励开展城乡建设用地增减挂钩，盘活利用闲置宅基地和农房，并支持利用历史遗留工矿废弃地、荒滩等开发乡村旅游。2022年文化和旅游部等部门联合出台的《关于促进乡村民宿高质量发展的指导意见》中提出，要有效盘活利用存量建设用地用于乡村民宿建设，可预留5%以下的建设用地指标用于配套设施建设，并鼓励农村集体经济组织依法使用农村集体建设用地发展乡村民宿。

人才支持方面，2009年出台的《全国乡村旅游发展纲要（2009—2015年）》中提出，要实施乡村旅游人才培训工程，重点培训乡村旅游经营户、乡村旅游带头人、能工巧匠传承人和乡村旅游干部四类人才，通过送教上门、办培训班、结对帮扶等方式开展多层次、多渠道的培训。2014年出台的《国务院关于促进旅游业改革发展的若干意见》中指出，要鼓励旅游专业毕业生、专业志愿者、艺术和科技工作者等到乡村旅游地进行驻村帮扶。2016年农业部等部门联合出台的《关于大力发展休闲农业的指导意见》中进一步提出，要依托职业院校、行业协会和产业基地，分类、分层开展休闲农业管理和服务人员培训，并加强产业的科技支撑力量。2016年出台的《乡村旅游扶贫工程行动方案》中指出，要实施"乡村旅游扶贫培训种子工程"，培养一批乡村旅游扶贫培训师，同时组建"全国乡村旅游扶贫专家库"，开展旅游扶贫人才素质提升专项行动。2017年出台的《促进乡村旅游发展提质升级行动方案（2017年）》中提出，要推动东部与中西部地区的人才互助，引导大学生从事乡村旅游，组织从业人员就近参加技能培训。2018年出台的《促进乡村旅游发展提质升级行动方案（2018年—2020年）》中进一步提出，加大乡村旅游带头人培养力度，重点吸引大学生村官、乡村旅游专业人才和旅游职业经理人等回乡创业。2018年出台的《关于促进乡村旅游可持续发展的指导意见》中指出，要将乡村旅游人才培育纳入乡村振兴干部培训计划，并开展乡村旅游创客行动，引导各类"创客"投入乡村旅游发展当中。2021年文化和旅游部等部门联合出台的《关于推动公共文化服务高质量发展的意见》中指出，要实施乡村文化和旅游能人支持项目，支持培养一批乡村文化骨干，并鼓励乡村文艺团队参与乡村文化设施的管理运营和服务工作。2022年文化和旅游部等部门联合出台的《关于促进乡村民宿高质量发展的指导意见》中提出，将乡村民宿规划设计、开发建设、经营管理和服务人员培训等内容纳入乡村旅游培训计划中。

  旅游服务设施支持方面，包括地方公共服务向乡村旅游延伸、建立乡村旅游的统计体系。例如，2009年出台的《全国乡村旅游发展纲要（2009—2015年）》中提出，要实施乡村旅游服务体系建设工程，推动城市公共设施和公共服务向乡村旅游地延伸和覆盖，并推动建立便捷的乡村旅游服务体系。2016年出台的《"十三五"旅游业发展规划》中指出，要完善乡村旅游咨询中心体系和旅游交通标识体系。2018年出台的《促进乡村旅游发展提质升级行动方案（2018年—2020年）》中进一步指出，要改造乡村旅游停车设施，并提升乡村旅游停车管理水平和智慧停车水平，与此同时，对其规划用地给予政策支持。2018年出台的《关于促进乡村旅游可持续发展的指导意见》中指出，要实施"厕所革命"新三年计划，推动建立乡村旅游咨询服务体系，并加强乡村旅游信息化平台建设。

基础设施支持方面，2009年出台的《全国乡村旅游发展纲要（2009—2015年）》中提出，要实施乡村旅游基础设施建设工程，加强乡村基础设施建设和社会事业建设，通过建设乡村旅游基础设施和公共服务体系，使旅游示范区实现"三通、三建、四改、四保"。2016年农业部等部门联合出台的《关于大力发展休闲农业的指导意见》中进一步提出，要实施休闲农业和乡村旅游提升工程，对开展休闲农业的村庄的道路、供水设施、宽带、停车场、厕所、垃圾污水处理、游客综合服务中心、餐饮住宿的洗涤消毒设施、农事景观观光道路、休闲辅助设施、乡村民俗展览馆和演艺场所等基础设施加以改善。2016年出台的《乡村旅游扶贫工程行动方案》中指出，要加快农村生活污水治理，深入推进乡村"厕所革命"，开展"六小工程"，推进"三改一整"工程。2017年出台的《促进乡村旅游发展提质升级行动方案（2017年）》中提出，要鼓励和引导民间投资参与厕所、污水处理、停车场、游客咨询服务中心等乡村旅游基础设施建设。2018年出台的《促进乡村旅游发展提质升级行动方案（2018年—2020年）》中进一步指出，要结合"四好农村路"建设，推进全国乡村旅游道路建设，加大乡村旅游道路建设的支持力度，同时还对乡村旅游垃圾处理、生活污水处理、厕所革命等问题做出了指导。2018年出台的《关于促进乡村旅游可持续发展的指导意见》中指出，实施乡村绿化、美化、亮化工程，加快进入乡村旅游地的交通道路建设，完善乡村公路网络布局，加强供水供电、垃圾污水处理、停车、环卫、通信等配套设施建设。

3. 保障型政策

乡村旅游发展的保障型政策包括安全保障、制度保障、环境保护和市场营销四种类型。

安全保障方面，2022年文化和旅游部等部门联合出台的《关于促进乡村民宿高质量发展的指导意见》中提出，要落实公共安全责任和食品安全主体责任，建立包括治安、消防、卫生等在内的公共安全管理制度、应急预案以及必要的监测预警设施设备，同时要落实日常消防安全管理，落实旅客住宿的治安管理制度等。

制度保障方面，成立乡村旅游工作领导机构，实行分级、分工责任制。2009年出台的《全国乡村旅游发展纲要（2009—2015年）》中指出，要建立党委、政府领导、部门参加的乡村旅游统筹协调机制，同时要加强旅游部门对乡村旅游的管理工作，还要发挥旅游协会乡村旅游分会、乡村旅游协会、合作社等组织的作用。2018年出台的《关于促进乡村旅游可持续发展的指导意见》中指出，要将乡村旅游发展纳入相关专项规划中，并支持有条件的地区编制乡村旅游发展规划。

环境保护方面，2009年出台的《全国乡村旅游发展纲要（2009—2015年）》中提出，对应用小型污水、垃圾处理设施的乡村旅游企业给予补助和奖励。2016年出台的《乡村旅游扶贫工程行动方案》中将乡村环境综合整治专项行动作为乡村旅游扶贫的八大行动之一，通过建设停车场、旅游厕所、垃圾集中收集站等开展乡村旅游环境治理工作。

市场营销方面，2009年出台的《全国乡村旅游发展纲要（2009—2015年）》中提出，要实施乡村旅游市场开发工程，从目标市场分析和定位、旅游产品营销和宣传等方面做出了引导。2014年国家旅游局等部门联合出台的《关于实施乡村旅游富民工程推进旅游扶贫工作的通知》中指出，要优化刷卡消费环境，成立行业协会或联盟加强自律和自我管理，并通过微信、微博等多种方式提高乡村旅游的在线营销能力。2016年农业部等部门联合出台的《关于大力发展休闲农业的指导意见》中指出，要通过创建全国休闲农业示范县（区、市）、开展中国美丽休闲乡村、休闲农业精品景点线路推介活动，培育休闲农业知名品牌。与此同时，要加快构建网络营销、网络预定和网上支付等公共服务平台，增强线上线下营销能力。2016年出台的《乡村旅游扶贫工程行动方案》中指出，要利用互联网媒介平台推广乡村旅游特色产品，通过举办农事节庆游、山水美景游、民俗风景、农家乐厨艺大赛等节庆活动打造乡村旅游品牌。2018年出台的《关于促进乡村旅游可持续发展的指导意见》中指出，要鼓励各地区整合乡村旅游优质资源，开展乡村旅游精品工程，培育和构建全方位、多层次的乡村旅游品牌体系，并充分利用传统媒体资源、节事活动平台、新媒体自媒体等进行乡村旅游营销模式的创新。

4. 规制型政策

乡村旅游发展的规制型政策包括各种标准和条例、补偿规定等类型。

各种标准、规划和条例制定方面，2007年出台的《国家旅游局　农业部关于大力推进全国乡村旅游发展的通知》中指出，要组织实施乡村旅游"百千万工程"，推出乡村旅游示范县、乡、村，并出台乡村旅游县、乡、村示范性标准。2009年出台的《全国乡村旅游发展纲要（2009—2015年）》中提出，要实施乡村旅游改革示范工程，开展乡村旅游试点建设，推出乡村旅游改革示范区。与此同时，还针对乡村旅游住宿、餐饮、娱乐、购物等主要消费环节，提出了相关的服务规范和安全标准。2016年出台的《乡村旅游扶贫工程行动方案》中指出，要科学编制乡村旅游扶贫规划，并将乡村旅游规划与其他相关规划有效衔接、合并编制。2016年农业部等部门联合出台的《关于大力发展休闲农业的指导意见》中进一步提出，要加大休闲农业行业标准的制定和宣贯力度，逐步推进休闲农业的管理规范化和服务标准化进度。与此同时，要对认定的全国休闲农业和乡村旅游示范县示范点、中国美丽休闲乡村、全国休闲农业星级企业、特色景观旅游名镇名村示范等景点进行动态管理。2017年出台的《中共中央 国务院关于深入推进农业供给侧结构性改革 加快培育农业农村发展新动能的若干意见》中指出，要完善休闲农业和乡村旅游行业标准，建立健全食品安全、消防安全和环境保护等监管规范。2018年出台的《促进乡村旅游发展提质升级行动方案（2018年—2020年）》中针对民宿、农家乐、基础设施和公共服务配套等乡村旅游服务以及乡村旅游市场监管制定了规范标准。2018年出台的《关于促进乡村旅游可持续发展的指导意见》中指出，要制定和完善乡村旅游各领域、各环节的服务规范和标准，以提高乡村旅游服务管理水平。2019年出台的《文化和旅游部关于实施旅游服务质量提升计划的指导意见》中指出，要推动乡村民宿行业标准全面实施，出台《旅游民宿设施与服务规范》国家标准，推动乡村民宿服务质量提档升级。

补偿规定方面，2018年出台的《关于促进乡村旅游可持续发展的指导意见》中指出，要完善利益联结机制，引导村集体和村民通过资金、技术、土地、林地、房屋以及农村集体资产等入股，以获得分红收益，并鼓励乡村旅游企业优先吸纳当地村民就业。

（三）政策特征

我国乡村旅游在一系列政策指导下，实现了数量和质量的双重飞跃，成为最具活力、最有潜力的旅游新业态之一。通过梳理乡村旅游相关政策的发展阶段和具体内容，可以发现我国乡村旅游政策呈现出如下特征。

1. 政策导向：乡村旅游发展的时代特征

纵观我国乡村旅游发展的不同阶段，一系列与乡村旅游相关的政策文件循序渐进出台，其数量从无到有再到多，内容也从简单提及独立成段再到整篇而论，在乡村旅游发展实践中起到了引导、支持和规范等多方面作用，阶段性地刺激了中国乡村旅游的快速发展和提质升级（周燕，2019）。从乡村旅游不同阶段的发展情况来看，乡村旅游政策引导乡村旅游实践向着既定的方向发展。在乡村旅游发展的萌芽启动阶段，乡村旅游项目并没有得到充分的政策支持，主要依附于其他相关政策，数量较少且结构单一，内容笼统且可操作性差，这使得中国乡村旅游发展处于相对无序发展的状态。随后，在乡村旅游发展的初步成型和发展壮大阶段，中国面临着较为突出的"三农"问题，乡村旅游作为农村发展第三产业的重要抓手，开始成为"三农"问题的配套项目，得到了农业相关政策的重要引导和支持，该阶段乡村旅游政策数量增多，可操作性增强，中国乡村旅游发展规模也日益扩大。在乡村旅游发展的全面提升阶段，中国经济发展步入新常态，优化产业结构、生态文明建设、全面建成小康社会、供给侧结构性改革、乡村振兴等问题成为我国工作的重点内容，乡村旅游相关的政策密集出现，政策支持力度和广度进一步提升，并形成了由上到下共同促进乡村旅游高质量发展的联动网络格局，乡村旅游遍地开花、提质升级。

2. 融合发展：乡村旅游发展的时代要求

乡村旅游作为横跨一二三产业、兼容生产生活生态、融通工农城乡的综合性产业，其发展涉及多个部门，需要加强各部门的协调合作，建立乡村旅游统筹发展机制，形成推进产业发展的合力。随着乡村旅游发展的持续推进，政策发文部门逐渐多元化，跨部门的乡村旅游政策网络体系已基本形成，早期参与制定乡村旅游政策的部门多是原农业部和原国家旅游局，但由于乡村旅游融合发展过程中涉及面广、关联性强，自然资源部、国家发展和改革委员会、国家林业和草原局、国家税务总局、财政部、住房和城乡建设部、生态环境部、工业和信息化部、人力资源和社会保障部、教育部、交通运输部、国家文物局等相关部门也逐渐加入，乡村旅游政策由单一部门介入到多部门协同的趋势日益明显（韦俊峰等，2019）。例如，农业农村部门出台休闲农业发展政策、文化文物部门出台乡村文化旅游政策、住建部门出台特色小镇政策、环保部门出台乡村生态旅游政策、财政部门出台乡村旅游奖补政策、土地部门出台乡村旅游用地政策等。这样的形式在一定程度上能够调动各方面的力量且能加快政策下达的速度，并推动乡村旅游的融合发展。

3. 综合目标：乡村旅游发展的时代命题

鉴于乡村旅游在国民经济和社会发展中的重要地位，其政策内容始终与国家战略目标相契合、与经济社会发展相适应。从各阶段的政策主题来看，在乡村旅游政策的起步阶段，农业旅游是乡村旅游的主要形态，《关于进一步发展假日旅游的若干意见》等相关政策指向乡村旅游在扩大内需方面的潜力，服务于拉动内需的国家经济目标；在乡村旅游政策的发展阶段，《中共中央　国务院关于促进农民增加收入若干政策的意见》《关于促进农村旅游发展的指导意见》《中共中央　国务院关于积极发展现代农业扎实推进社会主义新农村建设的若干意见》《国家旅游局　农业部关于大力推进全国乡村旅游发展的通知》等相关政策指向"三农"问题，旨在将乡村旅游作为农村发展的第三产业和特色农业，目标在于提高农民经济收入、拓展非农就业空间，与此同时，还将乡村旅游作为社会主义新农村建设的重要途径，服务于国家的社会主义新农村建设战略；在乡村旅游政策的深化阶段，《关于创新机制扎实推进农村扶贫开发工作的意见》《关于实施乡村旅游富民工程推进旅游扶贫工作的通知》《乡村旅游扶贫工程行动方案》《乡村振兴战略规划（2018—2022年）》《国务院关于促进乡村产业振兴的指导意见》等政策的相继出台，很好地配合了此阶段乡村振兴战略、脱贫攻坚战略以及城乡融合发展战略的要求（姚旻等，2021）。

五 乡村旅游发展的典型区域

近年来,随着各界对乡村旅游理解的加深,逐渐涌现出了一批乡村旅游发展的典型案例地,这些案例地各有特色,共同拼成了中国乡村旅游发展的大图景。本部分将从城市郊区休闲、美丽乡村建设视角,选择典型的乡村旅游案例地,对其发展模式进行分析,以期能够探寻中国乡村旅游的升级历程和发展趋势。

(一) 超大城市郊区:以北京、成都为例

随着城市近郊乡村旅游持续走热,城市郊区的乡村旅游目的地日益受到城乡居民的青睐。北京市和成都市作为人口超过2000万的超大城市,拥有超大的旅游消费群体,其乡村旅游市场逐渐壮大、成熟,并形成了"八大业态""五朵金花"的典型发展模式。

1. 北京:"八大业态"助推乡村旅游提质升级

北京市乡村旅游业经历了自发发展阶段(1998年以前)、数量扩展阶段(1999—2002年)、规范发展阶段(2003—2006年)、转型升级阶段(2007年至今)四个发展阶段之后,取得了丰硕成果。近年来,北京市乡村旅游的发展情况如图5-1所示。2019年,北京市乡村旅游接待人次高达1920.1万人次,乡村旅游总收入达到14.4亿元,全市从事乡村旅游实际经营的接

待户共计7354户，高峰期从业人数达到23720人（见图5-1至图5-4）。

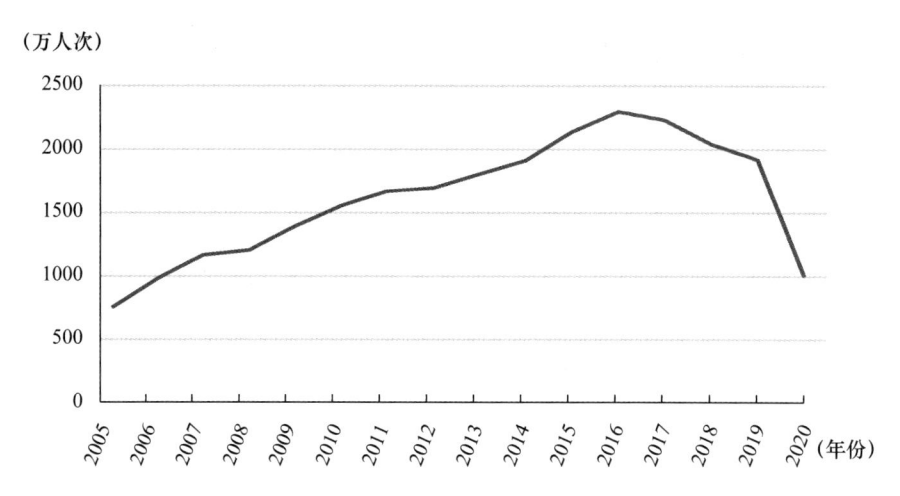

图 5-1　2005—2020年北京市乡村旅游接待人次

资料来源：《北京市统计年鉴》。

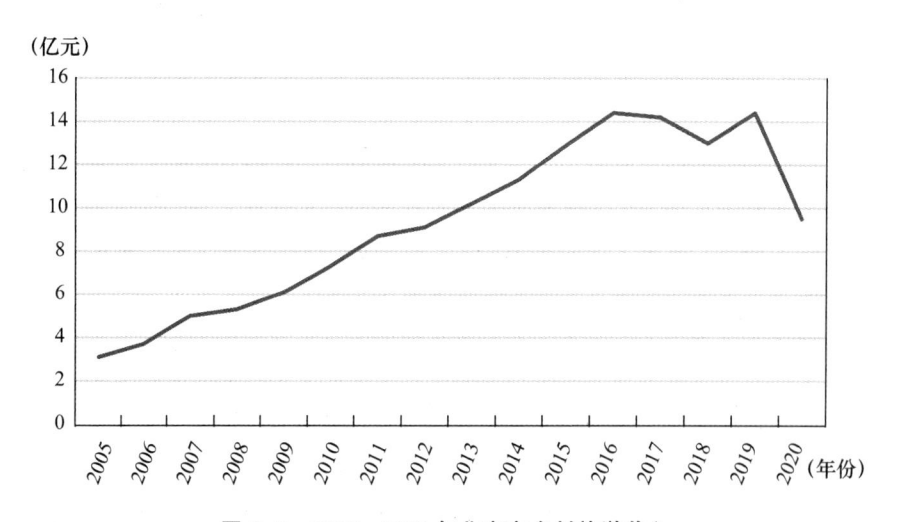

图 5-2　2005—2020年北京市乡村旅游收入

资料来源：《北京市统计年鉴》。

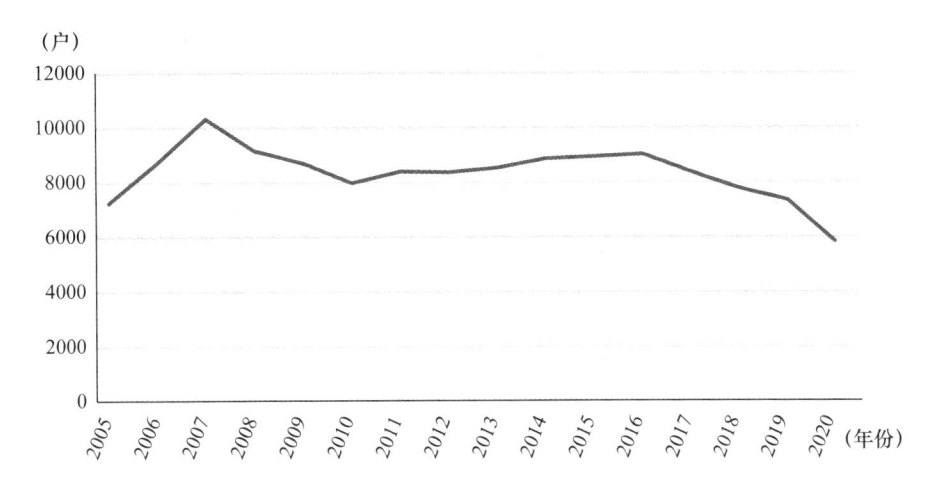

图 5-3　2005—2020 年北京市从事乡村旅游实际经营接待户

资料来源：《北京市统计年鉴》。

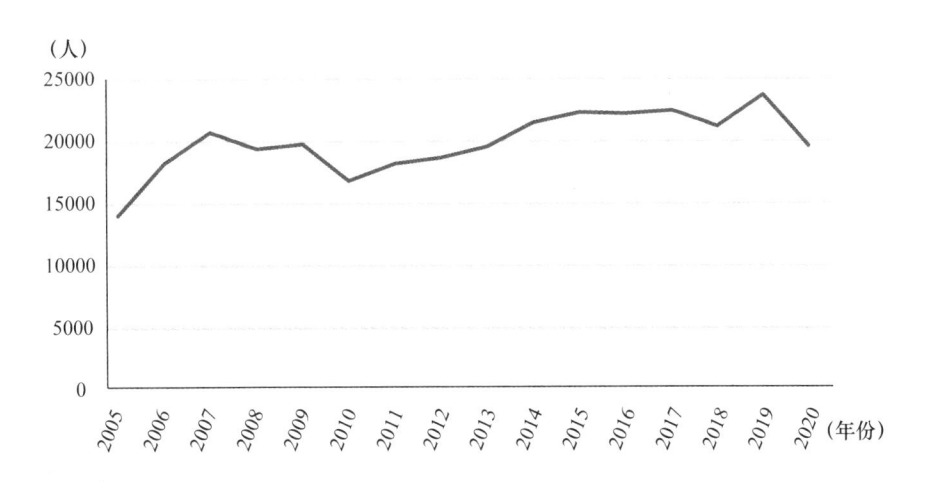

图 5-4　2005—2020 年北京市乡村旅游高峰期从业人数

资料来源：《北京市统计年鉴》。

纵观北京市乡村旅游发展状况，在经历多阶段的增长和调整之后，依然在产品结构、产品差异性、产品布局及产品标准体系建设等方面存在问题。

针对北京市乡村旅游发展存在的问题，原北京市旅游局提出八种乡村旅游新业态，并委托相关机构制定了《乡村旅游特色业态标准及评定》。这些标准的确为北京市乡村旅游的发展提供了明确的方向和指引。通过界定和明确乡村旅游的八大新业态，有助于将北京市乡村旅游推向更具特色和差异化的发展道路。标准化的产业管理和促进理念及措施也有助于提高乡村旅游业的整体水平，推动其向现代特色化和产业集群化的转变。这种转变有望为北京市乡村旅游业带来升级换代，从而提升其在国内乡村旅游市场中的竞争力。这八大业态分别如下。

一是国际驿站。国际驿站作为乡村旅游的一种新型业态，着重于为国际游客提供异域文化体验和特色服务。国际驿站在环境景观与建筑、特色餐饮、乡村旅游活动、特色旅游服务、市场影响力等方面有一系列要求，以确保其体现异域文化特色，并提供符合国际游客需求的服务。国际驿站是朝阳区重点打造的新型业态，其典型代表是高碑店村国际驿站。高碑店村通过提供传统民间手工艺制作、文艺项目、参与传统节日和特色活动等方式，为国际游客提供了丰富的中国乡土旅游体验。这种形式的乡村旅游有助于促进文化交流，增进国际游客对中国传统文化的了解，同时也为当地乡村经济发展注入新的活力。

二是采摘篱园。采摘篱园作为一种新型的乡村旅游业态，注重提供观赏和采摘特色蔬菜、果品或其他特色农作物等休闲活动。采摘篱园在种植特色、科普解说与展示、采摘活动与服务、采摘品安全、节能与环境保护、市场影响力等方面有一系列要求，以确保其在各个方面达到标准规定的水平。其中的典型代表是大兴区的庞各庄万亩梨园。该梨园有丰富多样的梨品种，为游客提供了观赏和采摘的机会，让游客在欣赏美景的同时，也能参与农业体验活动。

三是乡村酒店。乡村酒店作为一种综合性旅游住宿单位，旨在结合农业景观、生态景观和田园景观，为游客提供乡村休闲体验。乡村酒店在环境景观与建筑、住宿设施、特色餐饮、旅游活动、市场影响力等方面有一系列要求，以确保其提供符合乡村特色的住宿、餐饮和旅游活动。其中的典型代表是昌平区的乡村酒店聚集区。该区涉及多种类型，包括温泉康复疗养型、特色餐饮型、体验农事型、餐饮会议型、采摘休闲型、田园风格型、拓展登山型、特殊风格建筑型等。这种多样化的乡村酒店类型有助于满足不同游客的需求，提供丰富多彩的乡村旅游体验。通过结合乡村特色和提供丰富的旅游活动，乡村酒店有望成为当地乡村旅游的重要组成部分，为游客带来独特的休闲体验。

四是养生山吧。养生山吧作为一种以山地资源为依托，以绿色健康等为经营理念的活动场所，旨在提供颐养身心、健康休闲和舒适度假的服务。养生山吧在各方面有一系列要求，以确保其建筑、服务和设施符合养生理念，并能为客人提供丰富的养生活动。

五是休闲农庄。休闲农庄是指一种以农业生产和乡村生活为依托，为游客提供乡村生产生活休闲体验以及基本服务设施的经营主体。休闲农庄在环境景观与建筑、特色活动项目、住宿、特色餐饮等方面有一系列要求，以确保其提供符合休闲特色的景观和活动项目，同时提供足够的住宿和餐饮服务。目前北京发展较好的休闲农庄有通州区的禾阳休闲农庄、通州区的天地和庄园等。

六是生态渔村。生态渔村作为一种依托乡村自然生态和渔业的特色产业，以"鱼、渔"和水体景观为主题的乡村旅游接待场所，旨在为游客提供特色餐饮、观光游览和休闲娱乐等服务。生态渔村在环境景观与建筑、住宿设施、特色餐饮、特色旅游活动、食品安全等方面有一系列要求，以确保其体现渔文化和渔家风情，同时提供符合生态和安全要求的服务和食品。

七是山水人家。山水人家是一种具有一定规模，以自然山水景观为资源实质，能够为游客提供集观光、娱乐、住宿、餐饮、购物等多功能于一体的山水环境度假场所。山水人家在环境景观与建筑、住宿设施、特色餐饮、特色旅游活动等方面有一系列要求，以确保其建筑突出山水特色、提供符合山水人家特色的住宿、餐饮和旅游活动。

八是民族风苑。民族风苑作为一种旅游休闲娱乐综合接待场所，以少数民族建筑、服饰、风俗生活形式和宗教信仰与生产方式等为依托，集中展示少数民族风情，为游客提供少数民族风情体验。民族风苑对环境与景观、建筑与标志牌、住宿、特色餐饮、民族特色体验活动、民族文化六个方面都有较高要求。这些要求包括建筑风格和外观装饰直接体现民族文化、标志牌采用民族文字和符号元素、住宿设施突出民族文化特色格调与氛围、餐具和菜品体现民族特色、丰富的民族体验活动以及充足的民族服饰和民族技能等民族文化展示等。怀柔区将民族风苑作为重点打造的新型业态，其主要分布于七道梁正白旗村、项栅子正蓝旗村、老西沟镶红旗村、喇叭沟门孙栅子村等地（张祖群、林姗，2011）。

2. 成都："五朵金花"助力乡村旅游特色发展

成都乡村旅游起源于20世纪80年代，是我国乡村旅游发展最早的地区之一。2006年4月，在首届中国乡村旅游节上，成都市获得了原国家旅游局颁发的"中国农家乐旅游发源地"称号。1987年首家农家乐在成都市郫县农科村产生以来，成都乡村旅游先后经历了自主发展、规模发展、规范发展、提升发展4个发展阶段，从以吃饭、钓鱼、打牌为主的农家乐，转型升级为集林盘、民宿、美食美景、少儿游乐、公园绿道、非遗、网红打卡等精彩内容为一体的审美型体验型农业，并成功打造了一大批全国休闲农业与乡村旅游示范县、国家A级旅游景区、乡村旅游创客示范基地、省级示范县（镇、村）、示范基地、度假区以及星级农家乐及乡村酒店等。

成都市乡村旅游历经萌芽、发展和规划后，在经营和管理方面成绩突出，以"吃农家饭、品农家菜、住农家院、干农家活、娱农家乐、购农家品"为特色,走出了一条"政府主导、集体运作、农户参与"的乡村旅游发展之路,基本形成了以农家乐、乡村酒店、全国农业旅游示范点、旅游古镇、森林公园为主要要素的观光农业旅游产业布局,构成了以城区为中心、延伸周边区市县的梯次发展布局,并逐渐形成了一系列成都旅游特色品牌,其中尤以三圣花乡东郊的红砂、幸福、万福、驸马、江家堰、大安桥6个行政村建设成的以"花香农居""幸福梅林""江家菜地""东篱菊园""荷塘月色"命名的"五朵金花"为品牌的观光休闲农业区最负盛名,被誉为"永不落幕的花博会""永不谢客的花之居"。

"五朵金花"占地面积约14平方千米,是"国家4A级旅游景区",通过景区建设,在区内从事开发经营的三千多户农民,全部就地转为市民,解决了约一万个农民的就业安置问题,加快了城乡一体化的步伐,并带动了商贸业、服务业等相关产业和县域经济发展(徐虹、朱伟,2019)。分析其经验,大体体现在如下四个方面。

第一,建立高起点的规划平台。成都市和锦江区对"五朵金花"的规划非常重视,在前期论证、规划编制、建设方案确定和实施方面,始终体现着政府的强势推动和主导地位。从土地开发集约化、农房建设景观化、配套设施现代化三个方面做好规划工作。

第二,形成农民致富的增收平台。新农村建设的核心不仅在于新房子的建设,更重要的是综合带动农民增收,这是新农村建设的内在动力所在。三圣花乡创立了"离土不离乡,就地市民化"的生活模式,通过租金、薪金、股金和保障金"四金"搭建农民增收平台。

第三,构建多元发展的产业平台。成都"五朵金花"成功的背后有着巨大的产业支撑。三圣花乡通过"观光休闲农业""现代农业龙头企业""文化创意产业"三类产业得以发展。

第四，创设多元投入的融资平台。锦江区三圣花乡发挥市场化配置资源的基础性作用，调动企业和农户的积极性和创造性，鼓励各类资本广泛参与"五朵金花"的打造，形成了"政府主导、社会参与、多元投入、市场运作"的机制。

（二）特大城市郊区：以武汉为例

武汉市位于江汉平原东部，辖 13 个行政区，其中黄陂、蔡甸、新洲、东西湖、江夏、汉南 6 个行政区为远城区。武汉市远城区的乡村旅游资源非常丰富，20 世纪 80 年代末开始发展乡村旅游。30 多年时间里，乡村旅游地从最初的零星分布，已经逐渐扩展到几乎覆盖了城市周边的所有远郊地区。

1. 发展历程

20 世纪 80 年代末发展乡村旅游以来，武汉市城郊乡村旅游地增长迅速，从 20 世纪 80 年代的 12 个快速增长至 2018 年的 534 个（见图 5-5）。根据新增乡村旅游地数量变化情况，可将武汉市城郊乡村旅游发展划分为四个时期。一是起步发展时期（20 世纪 80 年代至 2000 年）。该时期以政府部门、企事业单位的商务旅游为主，城市居民对乡村旅游的认可度较低，乡村旅游地建设缓慢，数量较少、规模较小。二是快速发展时期（2000—2008 年）。在这一时期，乡村旅游逐步进入大众视野，市场需求逐渐增加，城郊乡村旅游地数量平稳增加，从 58 个持续增长至 178 个。三是蓬勃发展时期（2008—2016 年）。该时期国家关于推进旅游业发展以及美丽乡村建设等政策相继出台，同时，城市居民的乡村旅游需求日益旺盛，在政府和市场双重推动下，城郊乡村旅游地增速加快，出现爆发式增长。四是稳定发展时期（2016 年至今）。经过二十多年的发展，截至 2016 年，武汉市城郊乡村旅游地达到了 493 个，已形成较大规模。

随着城郊乡村旅游地趋于饱和，从 2016 年开始，新增旅游地数量开始减少，进入了稳定发展时期（冯娟等，2020）。

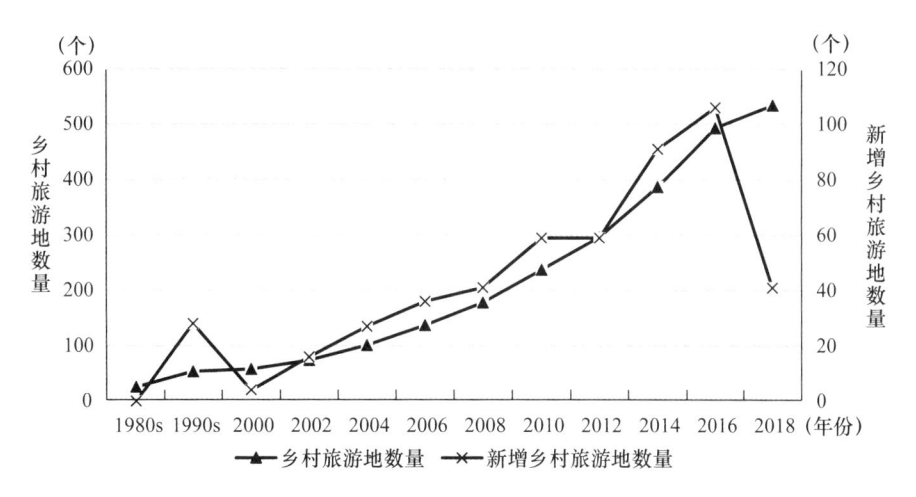

图 5-5　武汉市城郊乡村旅游地增长情况

资料来源：武汉市文化和旅游厅。

2. 空间分布

从武汉市城郊乡村旅游的空间分布来看，在四个不同时期武汉市城郊乡村旅游始终呈现凝聚型分布状态。通过计算最邻近指数测算其空间集聚特性，分别选取四个发展时期的节点年份（2000 年、2008 年、2016 年和 2018 年），计算结果如表 5-1 所示。由表 5-1 可知，这四个时期节点年份的测算结果均小于 1，且从 2000 年至 2018 年最邻近指数值逐步递减，这说明武汉市城郊乡村旅游地的空间分布始终呈现凝聚型分布特征，且集聚性在逐步增强。

表 5-1　武汉市城郊乡村旅游地的空间集聚性分析

	2000 年	2008 年	2016 年	2018 年
最邻近指数	0.836825	0.570974	0.55572	0.554796
z 得分	-2.377383	-10.950265	-18.871704	-19.681609

续表

	2000 年	2008 年	2016 年	2018 年
p 得分	0.017436	0	0	0
空间分布类型	凝聚型	显著凝聚型	显著凝聚型	显著凝聚型

从武汉市城郊乡村旅游的发展类型来看，武汉市城郊乡村旅游地由发展初期的休闲观光类和乡村文化类两种类型，逐步增加至休闲观光类、乡村文化类、农事体验类、农业科技类和特色村镇类五种发展类型，其乡村旅游类型日益多元。进一步考察不同类型乡村旅游地的增长情况，结果如图5-6所示。由图5-6可知，不同类型乡村旅游地的发展速度各异，其中，休闲观光类乡村旅游地的数量一直居于首位，但增速逐步放缓；

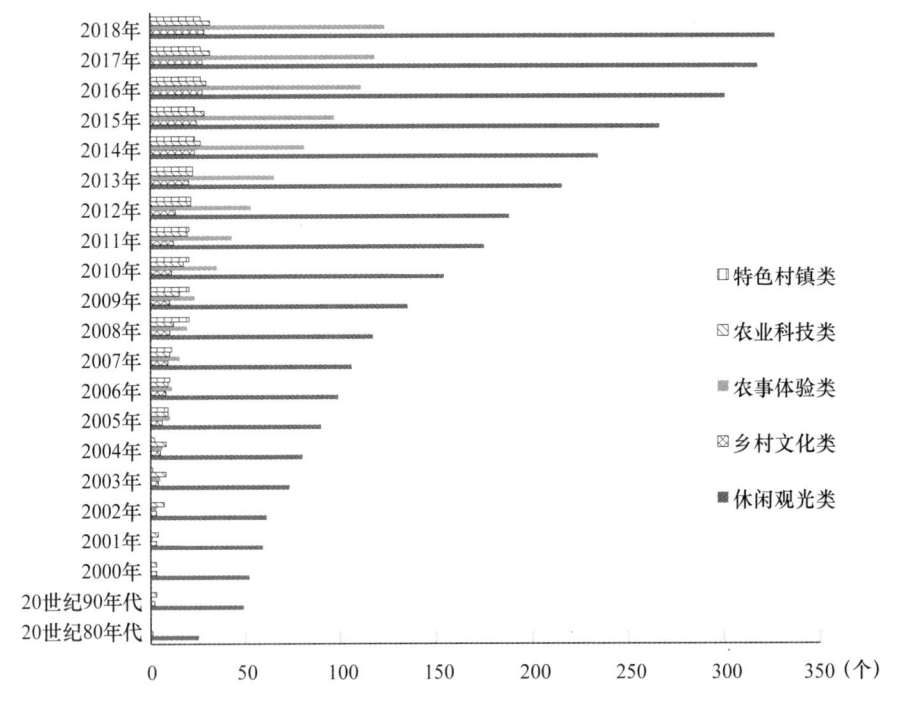

图 5-6 武汉市城郊不同类型乡村旅游地数量变化

资料来源：笔者绘制。

农事体验类乡村旅游地的增长迅速，逐步发展成为第二大规模的乡村旅游地；农业科技类、特色村镇类和乡村文化类三类乡村旅游地的发展规模相当。

进一步地，通过最邻近指数考察武汉市城郊不同类型乡村旅游地的空间集聚情况，结果如表5-2所示。休闲观光类乡村旅游地的最邻近比率均小于1，且从2008年的0.80连续下降至2018年的0.59，这说明休闲观光类乡村旅游地呈现集聚状态，其集聚程度随着时间的推移而逐步增强，且在2016年和2018年表现为显著凝聚型。农事体验类乡村旅游地的最邻近比率也小于1，从2008年的0.92下降至2018年的0.56，说明农事体验类乡村旅游地的集聚程度正逐步增强。农业科技类乡村旅游地的最邻近比率均大于1，这说明农业科技类的乡村旅游地尚未形成集聚，一直处于分散状态。特色村镇类乡村旅游地的最邻近比率均小于1，从2008年的0.96下降至2018年的0.71，说明特色村镇类乡村旅游地的集聚程度正逐步增强。乡村文化类乡村旅游地的最邻近比率在2000年和2008年分别为3.32和1.29，到2016年和2018年分别为0.86和0.82，由大于1逐步转变为小于1，这说明乡村文化类乡村旅游地已经从分散状态逐步走向集聚状态，但集聚状态尚不显著。由此可见，武汉市城郊不同类型的乡村旅游地的空间集聚状态和程度各异。

表5-2　　武汉市城郊不同类型乡村旅游地的空间集聚性分析

	年份	最邻近比率	z得分	p值	空间分布类型
休闲观光类	2000	0.800773	-2.748402	0.005989	凝聚型
	2008	0.716236	-5.871941	0	凝聚型
	2016	0.603379	-13.142188	0	显著凝聚型
	2018	0.594032	-14.022685	0	显著凝聚型

续表

	年份	最邻近比率	z 得分	p 值	空间分布类型
农事体验类	2008	0.919317	-0.672808	0.501069	凝聚型
	2016	0.561185	-8.84452	0	显著凝聚型
	2018	0.561181	-9.310405	0	显著凝聚型
农业科技类	2000	3.29026	7.588857	0	均匀型
	2008	1.076255	0.505346	0.613316	均匀型
	2016	1.111229	1.145901	0.251836	均匀型
	2018	1.056303	0.599709	0.5487	均匀型
特色村镇类	2008	0.962464	-0.321141	0.748103	凝聚型
	2016	0.712851	-2.801079	0.005093	凝聚型
	2018	0.712851	-2.801079	0.005093	凝聚型
乡村文化类	2000	3.319034	7.684198	0	均匀型
	2008	1.290236	1.755826	0.079118	均匀型
	2016	0.857201	-1.41951	0.15575	凝聚型
	2018	0.819719	-1.824983	0.068004	凝聚型

3. 发展趋势

特大城市郊区既呈现出对中心城区功能辐射的高依赖性，又存在区域协同发展下的高关联性与竞争性。特大城市郊区乡村旅游的发展呈现多元化、体验化等特征，需要在基础设施、数字化建设、生态保护、文化传承、产业融合等方面进行综合考虑和推动。

第一，坚持政府规划引领，加大基础设施建设。特大城市郊区乡村旅游具有多元碎化特征，发展面临管理主体缺位、管理权力结构碎化、管理边界与行政边界分离等困境。因此乡村旅游发展应增强政府间合作，统筹考虑乡村旅游产业集聚发展，打造各片区核心板块，构建联动互补发展格局。同时加大政府的政策和资金扶持力度，鼓励和引导民间投资，助推成立新型集体化乡村旅游经营主体。目前，乡村基础设施难以满足旅游发展新需求，而基础设施是特大城市郊区乡村旅游发展的基础，应加强城市与郊区乡村的交通连接、改善交通基础设施、发展便捷的交通线路、修建适应旅游需求的道路、提供足够的停车设施等以提高游客的便利性。

第二，数字媒介赋能旅游，多元化经营发展。数字化的出现与发展，改变了特大城市郊区乡村旅游宣传、管理、运营模式。住房和城乡建设部建立国家智慧城市试点，武汉市蔡甸区、江夏区开展智慧城市试点建设，提升乡村数字化水平建设迫在眉睫。将数字基础设施建设与特大城市郊区乡村旅游数字化发展有机结合，以科技助推乡村旅游转型发展。建设大数据中心同时提高乡村主体的信息素养，加强乡村数字化人才建设，为游客搭建高质量、多样化、多功能的乡村旅游服务平台。特大城市郊区乡村旅游地类型多样，休闲观光、农事体验、农业科技、特色村镇、乡村文化等集聚发展。坚持生态为基，切实保护乡村原有生态本底和肌理，因地制宜地使用乡村特色材质改造乡村。引导发展文创经济、康养经济、民宿经济、度假经济等农、旅、文结合的多元化业态，不断增强乡村旅游内生发展动力。

第三，深挖文化内涵，创新旅游产品。乡村是中华民族传统文明的发祥地，孕育出独具一格的乡村文化。特大城市郊区乡村旅游不断与其他产业融合，推动农业、文化、体育等产业协同发展。但乡村旅游发展面临开发同质化等问题，乡村旅游产业缺乏整体规划、乡村旅游产品缺乏地域特色、乡村旅游项目开发模式雷同。因此要全面活化、广泛传承乡土文化，深度挖掘当地独特文化元素，不断赋予时代内涵，打造独具特色的文化标识。坚持文化为魂，串联起乡村无序、点状经典资源，形成乡村文旅大 IP 项目，引导游客参与文化体验活动。

（三）美丽乡村建设：以婺源为例

婺源作为古徽州一府六县之一，地理位置优越。山清水秀，人杰地灵，旅游资源非常丰富，素有"中国最美乡村"之称。

1. 发展历程

经过多年探索，婺源将旅游业作为"第一产业、核心产业"大力发展，实现了旅游发展从无到有、从小到大、从大到强。据统计，婺源游客接待量和旅游综合收入分别从2000年的12.5万人次、1902万元飙升至2019年的2463万人次、244.3亿元，其中游客接待量已连续13年位居江西省各县之首（见图5-7）。

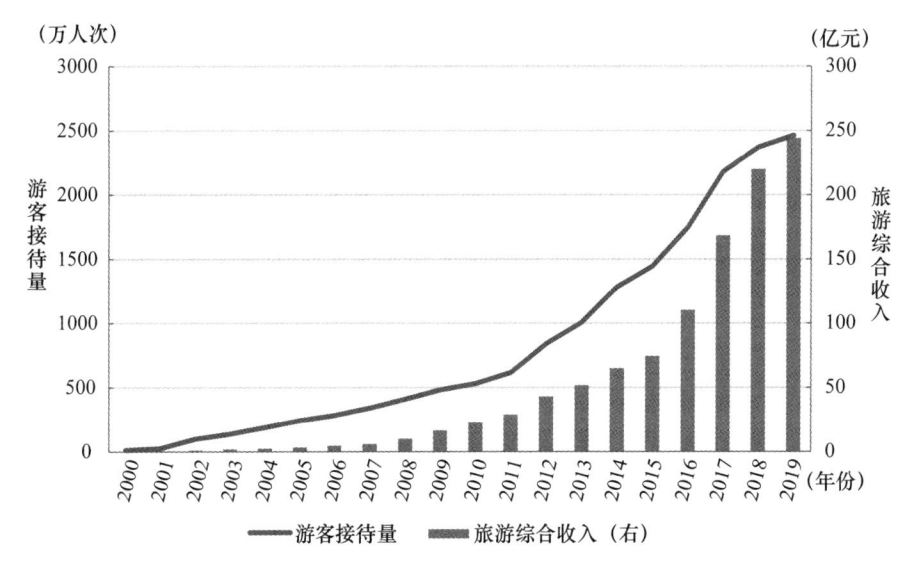

图5-7 2000—2019年婺源县旅游经济效益情况

资料来源：婺源县旅游委。

纵观婺源旅游业的发展历程，可将其划分为如下四个阶段。

一是起步阶段：1993—2000年。婺源旅游起步于1993年，得益于周边地区旅游的辐射。当年接待游客2.64万人次，国内旅游收入53.4万元，国际游客仅有屈指可数的156人次。20世纪90年代后期，婺源开始以"中国最美乡村"为宣传主题，打造旅游品牌，投入大量资金用于景区建设。围绕乡村旅游的发展，相配套的旅游基础设施和接待体系也逐步建立。以旅游公路建设为例，先后投入2亿多元。2000年，全县接待游客增长至12.52万人次，门票收入为58万元，旅游综合收入达到1902万元。这一时期，婺源获得了一些国家级的称号，例如，1993年灵岩洞被列为国家森林公园，1995年婺源被命名为"中国绿茶之乡"，1996年婺源获"全国绿化先进单位"。这一阶段的旅游开发大多属于市场自发行为，基本上是各自为政，缺乏统一的经营管理模式和宣传营销模式，发展相对缓慢，婺源旅游在国内的知名度并不高。

二是成长阶段：2001—2006年。从2001年开始，婺源一日游逐步兴起，特别是东线江湾、晓起、李坑等景点一日游线路受到欢迎。游客数量、门票收入、旅游综合收入快速增长。旅游接待人次从2001年的24.7万跃升到2002年的100.4万，突破百万大关；旅游收入从5000万元增长到1.03亿元，突破亿元大关。这一时期，婺源旅游开始从市场自发经营向"放手民营、政府引导"转变，围绕着旅游发展的"食、住、行、游、购、娱"等基本要素得到逐步完善，开始强化旅游基础设施和旅游公共服务体系建设。经过这一时期的成长，婺源旅游品牌影响力逐步扩大，"中国最美乡村"从少数游客的感受，成为婺源的旅游形象和地区形象，旅游业在全县经济发展中的地位初步确立。2006年，婺源旅游的游客接待数量和旅游经济收入都有了较大幅度的上升，全年共接待国内外游客283万人次，实现门票收入4836万元，旅游综合收入达到4.71亿元。

三是壮大阶段：2007—2011年。为了着力整合全县优质乡村旅游资源，形成发展合力，2007年组建江西婺源旅游股份有限公司（注册资本1.88亿元）。该公司拥有江湾、大鄣山卧龙谷、灵岩、文公山、李坑、汪口、江岭、晓起、思溪延村、彩虹桥、百柱宗祠、严田古樟园等一大批精品景区及景区所属餐饮住宿业，股份公司总资产近 4.5 亿元。2010 年，为了更好地适应乡村旅游发展的需要，婺源在旅游管理体制上进行了改革创新，将旅游局更名为旅游委员会，2016 年又更名为旅游发展委员会。这一时期，婺源乡村旅游迅速壮大，乡村旅游基础设施、公共服务体系等也取得了较大进展。2011 年，全县接待国内外游客达到 616.8 万人次，实现门票收入 1.67 亿元，旅游综合收入达到 28.96 亿元，政府旅游业收入从原来每年几百万元提升到 4000 多万元。婺源获得了多个国家级示范区、试验区建设的试点。2007 年，全国首批 15 个中国旅游强县试点县中，婺源作为江西省唯一代表入选。2010 年被农业部、国家旅游局联合授予"全国休闲农业和乡村旅游示范县"。2011 年，被评为"全国旅游标准化示范县""全国低碳旅游试验区"，同时成为全国首个国家级乡村旅游度假试验区。

四是转型升级阶段：2012 年至今。进入 2012 年以来，婺源围绕"打造中国旅游第一县"的目标，逐步打破门票经济，通过由观光向休闲度假产品开发转变，促进多元经济发展，吸引了众多民营旅游企业参与婺源的乡村建设和旅游发展，以"篁岭""梦里老家"为代表的一些民营资本和以精品民宿为代表的许多中小创业者开始活跃在婺源旅游市场，为婺源旅游发展带来了新的创新活力。2016 年，婺源明确了"发展全域旅游，建设最美乡村"的发展战略，充分发挥旅游的拉动力及催化集成作用，大力实施"旅游+"融合发展策略，促进旅游与工业、农业、体育、民宿、文化、养老、会展、电商等相关产业深度融合。婺源以发展全域旅游为抓手，按照"产业兴旺、生态宜居、乡风文明、治理有效、生活富裕"的总要求，大力实施乡村振兴战略，奋力打造乡村振兴的"婺源模式"，取得了明显成效。

2. 主要经验

改革开放四十多年来，婺源从赣东北地区的一个山区农业贫困县发展成为全国知名的旅游强县、"中国最美乡村",成绩斐然。这一成就,是婺源优美的生态环境、独特的文化底蕴、坚定的发展理念以及因时因地制宜探索发展策略优化的综合结果。一直以来,婺源站在全域旅游的高度,紧紧围绕"发展全域旅游,建设最美乡村"的目标,把全县当作一个休闲农业观光园来打造,紧紧围绕"看得养眼、玩得尽兴、住得清净、买得放心"等方面,完善配套设施,丰富产品业态,实现了乡村旅游和休闲农业互促互进、融合发展。在此过程中,婺源出台了一系列措施,探索出了一条适合自身发展的"婺源模式",形成了农业生产不断升级、农民生活显著改善、乡村文化传承复兴、农村社会和谐美丽的大好局面。婺源乡村旅游发展的主要经验如下。

其一,乡村生产从"传统农业"升级为"农旅融合"。"八分半山一分田,半分水路和庄园"是婺源自然条件的真实写照。发展旅游之前,婺源农村经济收入主要依靠种植水稻、茶叶、做雕刻工和外出打工,农村居民收入水平低,农村生产发展条件差,"贫困"是婺源农村的代名词。现如今,"万亩油菜花""晒秋""四季花海梯田"变成了婺源农村的新名片,以往的贫困村已经成为过去,取而代之的是像"篁岭"这样的中国最美乡村、"江湾"这样的5A级景区、"思溪延村"这样的民宿明星村以及"冷水亭"这样的美丽乡村治理示范村。婺源凭借优美的乡村风光、深厚的徽派传统文化,在旅游业发展的可持续动力推动下,已经形成了"村在景中,景沿村开"的美丽景象。婺源美丽乡村建设与旅游发展有机融合,乡村建设围绕旅游展开,旅游发展助推乡村建设,农村生产已经完全跳出了传统农耕模式,一、三产业融合发展的现代农业模式深入人心。在农业生产方面,婺源采取了多种措施促进农业生产与旅游发展相结合。一是采取补贴以及分红的形式鼓励村民大面积种植油菜等具有观赏价值的农作物。婺源美丽乡村的"美"突出表现在农作物种植美,婺源旅游的其中一个引爆点就是"万亩油菜花"。自发展旅游以来,婺源县政府一方面对种植油菜的农户提供农业补贴,指导农民开展油菜种植活动;另一方面观光旅游获得的收益按比例分配给当地农村,提升了农民种植油菜的积极性和主动性。二是将农产品种植与旅游经营相结合,鼓励农户灵活就业。婺源游客众多,根据婺源游客接待的实际情况,婺源县政府鼓励各村镇农村、农民经营农家乐、纪念品商店等以提升收入,同时还鼓励在外打工的村民旺季的时候回到婺源参与旅游经营。在美丽乡村建设与旅游产业深度融合发展的驱动下,婺源农村农业生产已经全面升级,景区即农村、生产即生活、生活即旅游,生产生活美如画。

其二,乡风建设从"事不关己"转向至"全民参与"。婺源美丽乡村建设在乡风文明建设方面取得了令人瞩目的成绩,家家门前有家训、村村村口有"公约",周末有宗祠的村庄有老师免费讲授国学,乡村文化氛围浓。婺源在农村乡风建设方面采取了一系列有效措施。一是全面提升文化感知。婺源全县农村建筑统一以徽派建筑为特色,营造了极具徽派文化底蕴的乡村特色环境,村民文化自豪感显著提升。二是注重文化挖掘和传承。婺源乡村文明建设的过程中,注重将传统文化、古训家训、生活理念深度挖掘并传承下来,而且把这些优秀的文化转化成"家训""公约"和行为准则,同时注重从娃娃抓起,培养孩子们对传统文化的感知和兴趣。在婺源,乡村处处显现着文化符号,人人洋溢着文化自信,宗祠里孩子们琅琅读书声沁人心脾,乡村文化的精髓得到了最贴近生活的弘扬,人文关怀与乡村发展美丽融洽。三是培养各行各业的诚信之风。美丽乡村养民、旅游发展富民,老有所养、幼有所教、治安良好、社会和谐,无论是本地村民、外来旅游者还是外来投资者,幸福感都得到极大提升,都觉得美丽乡村建设和旅游发展与自己息息相关。发展旅游形成了良好的风气和文明诚信的社会环境,保留和传承了乡村的原真性。

其三，乡村治理从"放任自由"跨越到"自治德治法治相结合"。婺源美丽乡村建设形成了具有特色的"新乡贤"引领下的美丽乡村建设模式，将"德治"在婺源美丽乡村建设中的作用尽可能地发挥出来，使得美丽乡村建设水平，中华传统文化的保护、传承和弘扬都得到了质的提高。婺源的乡村治理之所以能够取得成效，主要在于抓住了"以人为本"这个关键。推动乡村振兴、美丽乡村建设，关键在人。近年来，婺源着力培养造就一支懂农业、爱农村、爱农民的"三农"工作队伍，发展特色产业，为乡村振兴"增砖添瓦"。一是培养造就了一大批农村发展带头人、"新乡贤"，村庄治理有榜样可寻。这是婺源乡村治理的最大、最宝贵的经验。在美丽乡村建设中，"新乡贤"们舍弃自己在外面的工厂、公司，全心全意投入美丽乡村建设的过程中，不计较个人得失回来建设家乡。这些人用自己的行动感染着身边的人，引导着村民和他们一起建设美丽乡村。二是把人民群众放到"帅"位，在景区开发上，注重老百姓的感受，实施了全面的补贴政策，鼓励老百姓参与旅游经营活动，帮助培训老百姓的旅游服务技能，鼓励老百姓灵活就业。三是在农村广泛开展"文明户""清洁户""身边好人"一系列评选表彰活动，用真人真事来感化群众，激励人们更加努力地追求文明、清洁和正面的行为。树立社区榜样，促进社会和谐，提升了整个乡村的美丽形象。婺源真正做到了让老百姓感受到政府发展旅游、建设美丽乡村真心为民，以民为"帅"，注重群众的物质生活水平和精神文化感受的提升的真性情。可以说，婺源美丽乡村的发展充分体现了人的发展，是不同人群充分参与、全面共享的发展，是人与自然和谐共生的发展。

其四，乡村生活从"顿顿想肉吃"转变为"吃素身体好"。婺源美丽乡村的又一成就就是乡村生活美。改革开放初期的

1978年，婺源县居民存款为438万元，人均存款仅为15.98元，2017年，婺源县居民存款为1634117万元，人均存款高达32159元，位居上饶市前三。婺源城镇居民可支配收入也得到了极大的提高。在旅游业的带动作用下，婺源全县贫困发生率由2014年的4.6%下降至2017年1.5%，55%左右的村民认为他们的就业机会在增加、收入在提升，真正实现了富裕美。随着乡村旅游的深入发展和美丽乡村建设的有序推进，婺源着重以市场为导向，采取了一系列的措施，号召全民参与并培养可持续发展的产业。一是结合旅游市场的强大需求，跳出美丽乡村看美丽乡村，打造特色旅游农副产品和有机品牌。婺源成立了现代农业示范区管理委员会，在传统农业的基础上不断创新，形成了以茶业为核心的现代农业产业体系，同时注重发展特色农产品，如荷包红鱼、油茶、皇菊等。二是依托互联网渠道，放大婺源旅游品牌效应。鼓励和引导全县龙头企业、合作社、种养大户加强产销对接，发展订单农业，可以更好地满足旅游需求，同时将婺源的农产品转化为旅游商品，提升当地农产品的附加值。三是通过土地流转，鼓励村集体经营农村合作社。鼓励村民让乡村旅游发展助推美丽乡村建设，同时又使美丽乡村建设的成果反哺乡村旅游发展，带动乡村旅游发展。号召全民参与，将美丽乡村建设、乡村旅游发展与老百姓生产生活相结合，取得了显著的效果。在冷水亭村调研时，78岁的欧阳大爷坐在村里小溪的亭子里，端着一碗满是素菜的米饭说："以前都喜欢恰肉，想恰肉，现在我们恰饭恰不得几多肉了，还是多恰蔬菜，对身体好。"

综上可见，婺源乡村旅游与美丽乡村建设互促互进、融合发展并不是偶然的，婺源的发展路径非常值得称赞。通过培育乡村旅游，婺源将美丽乡村建设和乡村旅游发展相结合，形成了一种独特的"美丽经济"模式。在这一模式中，"美丽乡村"作为理念和触发机制，为乡村旅游提供了发展的土壤。同时，乡村旅游作为载体和发展手段，服务于美丽乡村建设。这种相互促进的关系使得美丽乡村建设和乡村旅游发展形成了良性循环，为婺源的可持续发展提供了有力支持。

3. 重要启示

其一，婺源之变，折射出中国乡村千年未有之变局，可窥见乡村振兴之未来。波澜壮阔的改革开放萌芽于乡村。四十多年来，从内地到沿海，从山区到平原，中国乡村发生了巨大而深刻的变化，正处于"千年未有之变局"。作为一个传统的山区农业县，婺源生动地演绎了农村社会从封闭走向开放，农民生活从贫穷走向富裕，农业生产从传统走向现代的伟大变迁。婺源的变迁，既源于中国改革开放的整体推动，也源于婺源人探索适合自身特色发展道路的不懈努力。当前，党和国家提出实施乡村振兴战略。乡村振兴既是乡村发展到今天的必然要求，也是日后继续推动乡村变迁的基本方向。在此背景下，回溯婺源的发展历程，通过解剖麻雀式的观察和解析，总结经验，提出问题，系统思考，探寻答案，不仅能够促进婺源实现农业全面升级、农村全面进步、农民全面发展，而且对全国其他类似地区具有重要借鉴意义。

其二，重视乡村自在价值，通过旅游加以有效转化，是婺源成功变迁的关键。乡村是兼具生产性、生活性、生态性、社会性、行政性的载体，在食品生产、生态保护、文化传承、社会治理等方面具有不可替代的价值。正是依托"望得见山，看得见水，记得住乡愁"的乡村特色，婺源才吸引了向往返璞归真生活的八方游客；正是依靠发展旅游，婺源才找到了既能够保护传统古村落，又能够利用徽州文化特色，既能保护"绿水青山"这座"金山银山"，又能够把"绿水青山"转化为"金山银山"的有效途径。出于历史的偶然，更是历史的必然，婺源较早地发现了乡村蕴含的文化、生态、审美等价值，并通过旅游加以充分利用和有效转化，从而实现了从封闭到开放、从落后到现代、从贫穷到富裕、从单一到多元的历史变迁。回顾过往，美丽乡村为旅游发展提供了良好条件并使之独具特色，旅游发展则为美丽乡村建设提供了有效载体和不竭动力；展望未来，乡村振兴是旅游发展的目标所在，发展旅游则是乡村振兴的重要途径。可以说，婺源变迁的战略选择，生动地展现了乡村之于中国的重要价值，佐证了乡村振兴与旅游发展的相互关系。

其三，围绕"最美乡村"进行长期系统建设，方有婺源"旅游强县"之今日。依托乡村特色发展旅游，以旅游发展促进乡村建设，在近三十年的发展过程中，婺源紧紧围绕"最美乡村"这一定位，在品牌建设、资源挖掘、环境改善、产品开发、业态完善、社会支持等各个方面不懈努力。不管是"全县经济工作都围绕乡村旅游来抓，全县所有产业都围绕乡村旅游来培育"等发展理念的推广，还是城镇、乡村、人文、青山、绿水、树木、田园、道路等提升工程的实施，不管是32个景观村的打造，还是把全县作为一个大景区来谋划，婺源始终以"最美乡村"为定位，进行长期、系统的建设。"最美乡村"既是一个品牌，又不仅仅是一个品牌，在一定意义上成为配置各类资源的标准；"最美乡村"既关乎旅游，又不限于旅游，已渗透到社会经济发展的方方面面。作为山区农业县，婺源在走向现代化的进程中，在第二产业尚未完全发展起来的情况下，直接跨越式发展第三产业，并从一个农业小县发展成为全国知名的旅游强县。这与其对自身发展条件和外部发展环境的准确判断以及在产业结构布局、资源要素配置、社会共识凝聚、社会力量聚集、整体环境营造等方面的系统推进密切相关。实际上，美丽乡村建设和旅游发展皆是系统工程，实现二者之间的良性互促，更需长期努力。可以说，婺源变迁的诸多成就，证明了主动作为和坚持不懈的重要性。

其四,"人"是乡村建设和旅游发展的根本,"为了谁""依靠谁"是核心命题。"人民"是改革的本质属性。改革为了人民,改革也要依靠人民。美丽乡村建设和乡村旅游发展同样如此。一方面,美丽乡村建设和乡村旅游发展是婺源县人民的共同事业,必须依靠和调动全体老百姓的积极性;另一方面,美丽乡村建设和乡村旅游发展是为了婺源县人民,他们的公平感、获得感、幸福感、安全感是衡量各项事业的重要标尺。在"为了谁"和"依靠谁"的问题上,土生土长的婺源人——严田村党支部书记李其良的话颇具代表性,"要把人尤其是老百姓放到'帅'位,才能真正实现美丽乡村……经济要发展,村庄要得到建设,人是最重要的"。只有让当地老百姓广泛参与、公平受益,才能使其普遍满意;只有老百姓普遍满意,美丽乡村建设和乡村旅游发展才能长久持续。可以说,婺源变迁的微观实践,体现了"以人民为中心"改革思想的重要性;而婺源发展的美好前景,也寄托在36万婺源人民身上。

其五,自治法治德治"三治"融合,正式制度和非正式制度、引导和规范并举。乡村是最基本的治理单元,是国家治理的重要组成部分。与城市相比,乡村治理有其特定的社会环境、社会结构和治理方式,而乡村治理方式和治理体系又是决定美丽乡村建设(乡村振兴)和旅游发展(尤其是乡村旅游发展)成败的重要因素。婺源在其发展过程中,逐步探索形成了一套独特而有效的乡村治理模式。概括而言,便是三个结合。一是自治、法治、德治相结合,在实施村民自治的基础上,实现法治,践行德治,以法治保障自治、规范德治,用德治支撑法治、滋养自治,在走向乡村善治道路上做出了积极努力。二是将法律、合同、条约、规则、契约等正式制度与价值信念、风俗习惯、文化传统等非正式制度相结合。三是将强制性的规范和激励性的引导相结合,将行政、法律等"硬治理"与调解、说服、协商等"软治理"相结合。上述三个方面的结合,为美丽乡村建设和旅游发展提供了坚实的社会基础，营造了良好的社会氛围。可以说，婺源变迁的实践，充分反映了乡村治理的独特性和复杂性，证明了构建兼具乡土性与现代性的乡村治理模式的必要性和重要性。

六　乡村旅游发展的关键议题

人类对世界的理性追求，主要涉及三个领域：一是根据一定的标准来评价事物，追求"应该如何"；二是探究事物是什么及了解事物的现象、本质和规律，把握"实际如何"；三是如何在尊重事物本质和规律的前提下，通过主观努力使之趋向于所追求的价值目标，寻找"怎么去做"。三个领域分别是应然、实然和使然。了解实然，并客观衡量实然与应然的差距，探究可能导致差距的各种原因，从而探寻达成目标的具体路径使然，是推动各类发展的逻辑基点（宋瑞等，2024）。结合乡村旅游发展实践，在中国式现代化和全面推进乡村振兴的背景下，本部分将按照应然—实然—使然的思路，明确当前和未来一段时间需要重点关注的若干议题。

（一）乡村民宿发展与土地制度

乡村民宿作为乡村旅游的重要业态，是推动乡村旅游提质升级的重要力量，也是全面推进乡村振兴的重要抓手。土地是乡村民宿发展最重要的生产要素之一，然而，现行的乡村旅游用地制度与乡村民宿发展需求仍有矛盾之处，有必要优化乡村旅游用地政策，以支持乡村民宿等新业态的健康可持续发展。

1. 乡村民宿产业发展情况

2011年以来，中国乡村民宿产业在摸索中逐步发展起来，已成为推动乡村旅游快速发展的核心力量。纵观中国乡村民宿产业的发展历程，呈现出明显的规模化和规范化趋势。

一方面，乡村民宿实现了由"少"到"多"的规模化转变。文化和旅游部数据显示，从2012年到2019年，中国乡村旅游接待人次从近8亿跃升至30亿，年均增速超过20%。旺盛的乡村旅游市场推动了全国各地乡村民宿的发展。根据中国旅游与民宿发展协会统计数据，截至2020年，国内民宿房源总量达300万套，其中乡村民宿房源量达38万套。

另一方面，乡村民宿实现了由"乱"到"治"的规范化转变。我国乡村民宿在市场驱动下自由生长，出现了一些土地、环保、消防和卫生等问题。为此，近年来国家出台了一系列文件予以规范。例如，2015年国务院办公厅出台《关于加快发展生活性服务业促进消费结构升级的指导意见》，其中首次倡导积极发展民宿旅游；2019年文化和旅游部发布的《旅游民宿基本要求与评价》中，给出旅游民宿的明确定义，旅游民宿产业至此有了行业标准；2021年国务院办公厅出台《关于服务"六稳""六保"进一步做好"放管服"改革有关工作的意见》，鼓励各地区适当放宽旅游民宿市场准入，推进实施旅游民宿行业标准；同年，在农业农村部办公厅、国家乡村振兴局综合司发布的《社会资本投资农业农村指引（2021年）》中，民宿作为"乡村新型服务业"首次被纳入鼓励社会资本投资的重点产业和领域；2022年文化和旅游部、自然资源部等部门联合发布的《关于促进乡村民宿高质量发展的指导意见》中，就乡村民宿的建设发展给出了规范化指引。在国家相关政策的支持和引领下，国内民宿行业政策日益明朗，旅游民宿产业正在逐步走出灰色地带，市场规范化进程加快。

2. 乡村民宿经营用地情况

党的十九大报告中强调了新形势下农村改革主线是协调农民与土地的关系。土地功能作为人地关系的联结基础，是乡村研究的重要议题。

近年来，乡村民宿如雨后春笋般遍布乡村地区，并成为乡村旅游领域中的生力军。土地作为最基础和最重要的生产要素之一，在乡村民宿发展中的优化配置将直接关系到其发展目标和社会效益。按照现行的土地类型划分，符合乡村民宿开发的土地类型包括国有的商业服务业用地、居住用地、有文物保护价值的古建筑、独立工矿用地、公共公益设施用地、风景名胜设施用地、国有未利用地和集体的"四荒地"，以及耕地、旱地和果园等。

当前，乡村民宿的用地模式包括如下六种。一是利用闲置民房、宅基地/空心村活化。例如，北京黄土贵民宿项目，通过改造村内闲置房屋并配置私塾，形成"培训定制+乡村生活"的模式。二是利用学校、祠堂、茶厂、林场等乡村闲置公共设施开发。例如，广东惠州禾肚里稻田酒店，通过改造村内闲置学校打造网红乡村民宿项目。三是利用造纸厂、啤酒厂、化工厂等老旧厂房进行乡村民宿开发。例如，贵州黔南州独山县小城故事园区，通过改造老旧的印刷厂厂房院落打造融合乡村民宿等多种业态的文化旅游园区。四是集体经营性建设用地入市试点。例如，成都郫县多利农庄，利用3万亩基地打造田园综合体。五是按照建筑物和构筑物占地面积点状供地，即按照建多少、转多少、增多少的原则点状报批。例如，浙江德清莫干山裸心堡项目，八成用地均为当地农房改造租用，仅有12亩是新增用地，保留200多亩山林作为生态保留地。六是国有建设用地片状供地发展乡村民宿。例如，长沙铜官窑项目，依托遗址公园，通过对国有建设用地招拍挂，建设了多家民宿客栈，形成民宿集群。

值得注意的是,在基础理论研究不足、政策法规尚不明确的背景下,中国乡村民宿经营用地面临供需数量失衡、用地类型缺失以及"易类"使用等普遍问题,乡村民宿发展与土地利用的矛盾日益紧张。乡村民宿经营用地受限主要体现在如下三个方面。一是由于经营用地指标稀缺,旅游民宿建设中土地性质不匹配和建筑用地指标不足的问题普遍存在。不少地方由于暂未出台乡村旅游规划,且国土空间规划中对民宿支撑不够明确,使得乡村民宿建设用地指标受限、新建或改建民宿报批困难。二是乡村民宿发展规模的持续增大,使得乡村用地供给紧张和不足的问题日益严峻。三是工商资本的逐利性,使得乡村旅游用地违法违规现象不断增加。

3. 乡村民宿用地优化策略

乡村旅游资源开发必然使土地利用发生改变,乡村旅游资源开发的效率和效益受土地利用方式与政策导向的深刻影响。因此乡村旅游资源的高质量开展与利用,亟须政策的优化与土地利用方式的调整。结合文化和旅游部、自然资源部等部门联合发布的《关于促进乡村民宿高质量发展的指导意见》(以下简称《意见》),从盘活存量和拓展增量等方面对乡村民宿用地问题进行规范化指引非常必要。

一是要盘活农村闲置房屋资源。《意见》中指出,要"推动落实乡村旅游用地政策,在充分尊重农民意愿的前提下,鼓励依法盘活利用农村闲置宅基地和闲置住宅等资源"。未来,建议进一步推进农村土地"三权分置"改革、农村宅基地改革,在合法合规、保障权益的前提下,放活宅基地和住宅使用权,充分利用农村闲置宅基地或住宅资源发展乡村民宿,推动农村闲置房屋资源旅游化经营。可结合乡村旅游发展现状,深挖乡土特色,通过产权方自主开发、合作开发、资产重组等多种方式进行房屋改造，并鼓励村集体经济组织、农民专业合作社、企业或个人等参与到乡村民宿的投资、经营与管理中。

二是盘活乡村存量建设用地。《意见》中指出"各地要依据国土空间规划，通过全域土地综合整治、城乡建设用地增减挂钩等方式有效盘活利用存量建设用地用于乡村民宿建设，探索灵活多样的供地方式"。可通过"拆旧建新+集约用地"等模式，依法将有偿收回的闲置宅基地、废弃的集体公益性建设用地转变为集体性的建设用地。同时，鼓励农村集体经济组织通过注册公司、组建合作社、村民入股等方式整村连片发展乡村民宿，也鼓励外来资本通过合作经营等方式开展乡村民宿投资与经营活动。

三是拓宽乡村民宿经营用地渠道。《意见》中指出，"乡镇国土空间规划和村庄规划中可预留不超过5%的建设用地机动指标，用于发展乡村旅游等必须在村庄建设边界外进行的少量配套设施建设，但不得占用永久基本农田和生态保护红线，不得破坏生态环境和乡村原貌，确需占用耕地的应依法落实占补平衡"。建议在编制和实施乡村土地利用规划时，将预留的少量规划建设用地指标，优先用于民宿设施建设，保障民宿发展用地需求。同时，要建立严格的乡村民宿用地审查制度和开发经营的跟踪监管制度，严守乡村民宿用地管理的原则底线，警惕工商资本下乡投资的"别有用心"以及地方政府急于求成的"违规越线"，以保障乡村民宿用地供给的有效性。

（二）多元化经营模式与新型集体经济

乡村旅游作为全面推进乡村振兴的有力抓手，应以尊重广大农民主体地位为基本导向，最大限度地实现广大农民的参与和受益，并在发展过程中保障村集体的主导权。随着乡村旅游的发展，以外来企业、村集体和农民个体联合入股的新型集体经济成为发展趋势，但其发展仍存在不少问题和瓶颈，有必要加以优化探索。

1. 乡村旅游经营主体演变过程

20世纪80年代以来，中国乡村旅游的经营主体历经演变，从资本属性和主体身份视角大致可划分为农民个体、资本下乡和新集体经济等三个阶段（王德刚、孙平，2021）。从乡村旅游发展的总体情况来看，这三个阶段非替代性发展，反映出乡村旅游发展不同时期的标志性特征。

农民个体发展阶段是农民自主开发，以吸引游客体验原汁原味的乡村生活为主要开发内容的发展阶段。此时以"农家乐"为主要经营模式，主要业态包括农家餐馆、农家旅馆、赏花会、采摘园、租赁农场、农业科技园等。

资本下乡是城市资本下乡的主要形式之一，以新乡村主义为理念，以体验"新乡居生活"为主要特征的发展阶段。其参与发展的乡村旅游业态主要包括主题民宿、乡村酒店、创意农业园区、田园旅游综合体、乡村度假地等。该阶段通过租赁、合资、合作等多样形式，利用城市资本对乡村进行了旅游开发。资本下乡通过城市资本等大投资的引入，促进了乡村旅游产品的转型升级，带动了乡村旅游产业提质增效，推动了乡村面貌整体提升，改善了村民生活条件，引领了乡村生活质量快速提升。因此，从一定意义上说，资本下乡是由"乡居"带动了"乡建"，引领了乡村社会新一轮的发展。资本下乡带来乡村优质发展的同时，也在一定程度上带来了一些新的问题，例如城市资本的介入使得乡村的"主人公"——农民逐渐边缘化，更有甚者农民成为乡村旅游的旁观者；乡村的传统文化受外来文化、商业文化的影响，出现"异化"等问题，失去了乡村传统文化的"本色"。

新型集体经济依托国家、乡村振兴等系列政策，以农民股份制为主要模式的发展阶段。该阶段为解决乡村旅游发展中的公平与效率问题，通过打造新型乡村经济组织来强化农民主体地位，发展乡村旅游让更多的农民乃至全体农民获利。推动乡村旅游可持续发展，使乡村旅游走向规模化、规范化和利益均衡化。新型集体经济模式与改革开放前的集体经济模式完全不同，是新时代中国特色社会主义建设过程中，以法律作为依据，制度进行顶层设计，辅助政策进行保障，以农村和农民资产入股分红为主要形式，以农村股份制企业或股份制合作社为基本形态的现代农村集体经济发展模式。股东主体由三部分构成：一是外来企业，以现金、设备、技术等入股；二是村集体，以村办企业资产、村集体留用的耕地、荒山、林地、办公用房和设施、村内公共设施和场所等入股；三是村民，以承包地、地上物、宅基地、房屋、现金和其他物资等入股。"集体经济"的主要标志体现在两个方面：一是村集体股份为股份制企业的重要组成部分；二是村集体股份中的分红利润要有一定比例用于全体村民分配，从而有利于兼顾乡村旅游发展中的效率与公平。

中国乡村旅游发展的三个阶段，反映出乡村经济发展模式由农民个体为主向集体经济发展的转变。依托于集体经济的红利和福利，使得脱贫攻坚过程中完全或部分失能人口的脱贫问题得以解决，对于彻底完成脱贫攻坚任务、推进共同富裕具有重要的现实意义。集体经济的基础保障作用，使乡村的组织振兴取得实效，对于稳定和提高乡村基层政权的地位具有重要作用。

2. 新型集体化乡村旅游发展的内在逻辑

新型集体化乡村旅游作为一种发展趋势，其内在逻辑主要体现在如下三个方面。

首先,乡村制度环境推动乡村旅游发展。乡村旅游是一种依赖于自然资源、农业生产、民俗民风、特产美食的旅游业态和产品,其发展需要与乡村地区的制度环境相适应。近年来,经过农村集体产权制度变革与乡村集体经济多元实践,我国农村新型集体经济发展拥有了良好的制度环境。2017年10月,党的十九大报告中指出要"深化农村集体产权制度改革,保障农民财产权益,壮大集体经济",明确了"集体经济"在现阶段农业和农村发展中的重要地位。2018年1月,中共中央、国务院发布了《关于实施乡村振兴战略的意见》,对党的十九大报告中提出的"三农"工作指导思想进行深化,明确提出"资源变资产、资金变股金、农民变股东"的农村产权制度改革的"三变"理论和"探索农村集体经济新的实现形式"的工作思路。2019年1月,中共中央、国务院又发布了《关于坚持农业农村优先发展做好"三农"工作的若干意见》,该意见中提出要"把发展壮大村级集体经济作为发挥农村基层党组织领导作用的重要举措,加大政策扶持和统筹推进力度,因地制宜发展壮大村级集体经济,增强村级组织自我保障和服务农民能力"。

其次,乡村旅游资源具有结构性粘连特征。无论是空气、河湖、田野等生态环境资源,还是历史古镇、文化街区、民族村落等人文旅游资源,各要素之间的结构粘连特性较为明显,其要素难以进行明确分割,且需要社会群体的持久性的集体行动方能持续。这一特征叠加农村集体产权制度,决定了乡村旅游应当由拥有集体所有权的集体经济组织进行集中管理,将村集体所有但分散使用的"实物资源"转化为集体统一开发运营的"价值资产",且需要按照公平正义的原则在集体成员和相关参与者之间进行合理的利益分配。因此,村集体组织作为一个相对完整的资源开发单位和经营主体,是乡村旅游发展的必然选择。

最后,乡村旅游经营主体的内生发展需要新型集体经济。

当前，农户、村集体经济组织和企业是乡村旅游发展中的经营主体。然而，在乡村旅游实践中，农户往往面临资本匮乏和经验缺失的困境，村集体通常存在管理和技术落后的问题，纯粹的内生性发展不足以提升乡村旅游的整体效益。随着乡村旅游消费需求的快速增长，社会资本因其具有资金、技术、人才、信息、管理等优势资源，推动乡村旅游发展，以外生发展主导乡村旅游资源配置。尽管这种模式下乡村旅游效益得以快速提升，但纯粹的外生发展模式通常会造成农户和村集体被边缘化。因此，为了充分发挥地方主体作用并有效利用外部资源，超越纯粹的内生与外生发展模式的新内生发展模式备受青睐。该模式以外来企业和村集体、农户作为主要股东，外来企业以资金、技术、设备、管理等入股，村集体以集体留用的耕地、林地、荒地、公共设施和场所等入股，村民以承包地、住宅或宅基地、资金以及其他物资等入股，实现资源整合，保障各方利益。

3. 新型集体化乡村旅游发展的现实困境

尽管新型集体经济有助于乡村旅游的可持续、高质量发展，但在实际发展过程中，依然存在不少问题和瓶颈。

一是存在思想认识误区，主观能动性不足。一方面，诸多地区对新型集体经济的认识存在一定误区，受历史上"一大二公"的传统集体经济影响，至今仍有不少人对集体经济的认识还停留在传统集体经济对农村经济社会带来的负面影响中，担心新型集体经济会重蹈覆辙，回到过去生产"大呼隆"、分配"大锅饭"的状态，因而不参与、不配合新型集体经济（张言庆、马波，2023）。另一方面，尽管部分地区对新型集体经济有新认识和新理解，但是因村干部肩负着各项繁重的任务、缺乏相应的时间和精力、不愿也无力承担较大的市场风险等，大多数地区对于新型集体化乡村旅游发展的积极性不高。

二是缺乏必要政策支持和相关制度支持。尽管近年来中央和地方层面均出台了大量的乡村旅游发展政策，但是缺乏针对新型集体经济尤其是新型集体化乡村旅游方面的政策制定与制度供给。例如，农村集体经济组织法的缺失，尽管全国普遍成立了农村集体经济组织，取得了"特别法人"资格开始等级赋码工作，但是立法工作的缺失使得农村集体经济组织尚未得到社会的广泛认可，从而在具体的经营实施过程中面临诸多问题。

三是村集体资金匮乏，自生能力不强。当前，中国新型集体化乡村旅游组织大多是由村委带头、农民自发组织成立的，其运营资本通常由组织成员通过自筹或与企业合作融资的方式进行。然而，不论是乡村旅游资源的整合开发、基础设施的建设、旅游环境的改善，还是乡村文明建设、村容村风的改善与提升、乡村民俗传统文化的挖掘等，都需要大量的资金支持和投入保障。而组织成员自筹的资金相对较少，向外寻求资金支持又会制约村集体经济的主动性和可持续性，因而融资困难或资金链断裂成为新型集体化乡村旅游发展的重要瓶颈（张军爱，2023）。

4. 新型集体化乡村旅游发展的优化路径

一是要壮大村集体经济，避免散沙式发展。由于各种历史原因，我国农村集体经济状况总体欠佳，不少地方缺乏集体经济的管理主体，集体资产很少甚至负债，造血功能不足。村级集体经济是保证农村经济发展的基础，也是促进农村精神文明建设的经济保证。不管是早期成名的成都"五朵金花"，还是近期走红的陕西袁家村，其发展实践都说明，强有力的村集体经济，能够在组织机构、社会结构、管理制度、分配方式等方面为乡村旅游发展提供有力而持续的保障。未来，要把发展乡村旅游与壮大村集体经济紧密结合；要壮大并依托村集体经济，着力营造发展集体经济的整体氛围，为其提供必要的政策支持和制度保障；要提高村干部开拓创新能力，扩大村集体经济来源，规范村集体资产的管理（宋瑞，2018）。

二是要加大政府的政策和资金扶持力度。一方面，加快立法工作，保证农村集体经济组织法的落地实施，优化农村集体经济组织发展的法律制度、文化制度、观念制度和社会期待等多元制度环境，夯实新型集体化乡村旅游发展的"合法化"基础。另一方面，中央相关部委和地方政府加大政策扶持力度和财政投入，为农村集体经济组织发展提供足够的可自由支配的资源、资金。例如，在村庄景区化发展过程中，政府可以将美丽乡村建设的财政投入用于村庄景区化建设，并指定由乡村旅游社区的集体经济组织进行分配，安排后续景区化的具体经营管理工作，使得财政投入以某些固定资产的投入方式交由集体经济组织负责。

三是增强农民主体意识和内生发展动力。农村集体经济组织在乡村发展中具有桥头堡和主心骨作用，能够为乡村旅游发展提供持续而有力的保障。发展乡村旅游可助推农村集体经济组织向集约化、规模化发展，推动乡村旅游专业合作社的形成和发展，促进乡村旅游行业组织的建设、规范和壮大。通过壮大新型农村集体经济，增强农民群体在发展中的主体意识，可以在外来资本与村社资源动态博弈的过程中为乡村旅游发展提供有力而持续的保障。与此同时，要以乡村内源式发展为根本，同时借助外部资源的力量，在内外部资源的共同作用下，推动乡村地域自然、社会、文化特征有机地嵌入乡村地区。通过将地方资源创造的价值再次分配给地方，实现发展过程、发展选择和发展红利等最大化地落实到本地，最终实现乡村地区的可持续发展（张言庆、马波，2023）。

（三）非物质文化遗产保护与利用

党的二十大报告中强调推进文化自信自强，发展民族的、科学的、大众的社会主义文化，坚持创造性转化、创新性发展。非物质文化遗产涵盖了中国各地域的特色传统文化，是民族历史的"活化石"，是乡村文化的重要载体（黄永林、任正，2023）。在诸多乡村旅游地中，非物质文化遗产因其独特的生态与文化景观、丰富的生物多样性和悠久的农业文化和传统知识技艺，被作为一种旅游资源加以利用。如何通过乡村旅游推动非物质文化遗产保护、传承和利用，是新时代面临的重要命题。

1. 乡村非物质文化遗产保护和利用现状

乡村是中华民族传统文明的发源地，也是非物质文化遗产孕育的重要土壤。乡村非物质文化遗产是依托乡村地区独特的地形、气候和资源等条件形成的具有乡村本土特色的文化表现和经验精华，具有独特的地域特征和原汁原味的乡土气息（孙九霞等，2023）。然而，随着乡村原有生活和生产方式的变革，诸多乡村非物质文化遗产存在的应用场景逐渐消失，其保护和利用也面临着巨大挑战。近年来，在政府、企业、非物质文化遗产代表性传承人、乡村居民等主体的共同努力下，乡村非物质文化遗产的价值挖掘、保护传承和普及利用工作取得较大进步。

以青海省为例，青海乡村传统工艺历史悠久，品种繁多，工艺精湛，是乡村非物质文化遗产的重要组成部分，是民族特色文化产业的重要内容。一方面，青海省乡村传统工艺发展势头渐盛。据统计，全省有传统工艺行业企业、商店、个体作坊3438家，从业、就业人员10余万人，全省有10家国家文化产业示范基地，103家省级文化旅游产业示范基地（单位），其中近2/3的基地从事民间工艺品的生产与销售工作。另一方面，青海省乡村传统工艺"双效"显著提升。另外，青海省乡村传统工艺品牌正逐步建立。青海乡村传统工艺逐步成为引领文化产业发展的主力军，特色区域依托传统技艺为主、资源优势为辅，依靠大企业带动和市场引导，大多形成较完整的产业链。黄南热贡艺术、青海刺绣、青海藏毯、湟中银铜器等特色传统工艺品类，依托良好的群众从艺基础，呈现出"家家从艺、人人创作"的繁荣景象，走出了一条以文化产业带动群众增收的致富之路，实现了产业化集群发展。互助盘绣、撒拉族刺绣、贵南藏绣、湟源皮绣等青海刺绣产业也逐步走上规模化发展之路。传统手绘唐卡和不断创新发展起来的衍生工艺品种，以及民族服饰、昆仑玉雕、绒毛画、黄河石艺画已成为青海省传统工艺的特色产品。

2. 乡村非物质文化遗产保护和利用困境

近年来，乡村非物质文化遗产保护工作得到各级政府和有关部门的大力支持，在传承保护、产品创新、市场培育、人才培养和推广宣传等方面进行了大量有益尝试和探索，并取得了显著成效。然而，部分地区仍存在保护不力、盲目跟风、特色不鲜明等问题，与此同时，受经济全球化趋势的影响，乡村非物质文化遗产在不断加快的现代化进程中受到剧烈冲击。

一是部分乡村非物质文化遗产濒临失传。仍以青海省为例，尽管通过近年来的抢救性保护开发，土族盘绣、藏绣、回绣、黑陶等乡村非物质文化遗产从生存困难状态逐渐走向发展良好状态，但是大通桥尔沟砂罐、河湟冻石、排灯、皮影等仍急需扶持和拯救，整体形势仍然严峻。许多身怀绝技的民间老艺人离世后带走了优秀的技艺、绝活，掌握一定中高级技术的人纷纷转行，年轻人对传统工艺的价值认识不够、不愿意学，致使传统工艺面临后继乏人、人亡艺绝的危险。这些宝贵的民族文化财富，亟待发掘、抢救、保护、整理、收藏和恢复。

二是乡村非物质文化遗产传承面临困难。有些乡村非物质文化遗产技艺精湛且复杂，创造周期长，学习难度大，无论是技艺水平还是经济效益在短期内均无法得到回报。而且部分以纯手工为主的非物质文化遗产主要依靠师徒传承，师傅不仅要传授技艺，还要承担徒弟的衣食住行等相关费用。另外，许多小型家庭作坊资金缺乏，举步维艰，经营者面临如单纯搞艺术则生活无法保障，而追求经济效益则艺术水平又得不到提高的矛盾。

三是创新能力和市场对接能力相对较弱。不少乡村非物质文化遗产的创新意识和市场认知相对较弱，因而缺乏对目标市场的研究，导致市场定位缺失，产品雷同化明显，无法应对多变的市场化运营需求。一方面是对非物质文化遗产的深度挖掘不够，原创能力比较薄弱。不少企业仍通过传统方式对产品进行开发，缺乏品牌特色，消费群体面窄，市场发展空间狭小。部分企业缺乏转型意识，创新创意设计能力较弱，产品设计与生产生活和消费需求出现断层，因此短时间内企业很难实现转型升级与跨越式发展。另一方面，市场渠道开发观念落后。部分地区的生产者一味坐在家里等订单，对于政府的扶持政策理解不透，对于同行的先进理念不予学习，局限于地域性的"小圈子"等。

四是乡村非物质文化遗产政策支持力度不够。虽然中央和地方政府出台了一系列扶持政策，但含金量很高的政策措施似乎并不多见，且存在落地难的问题。乡村非物质文化遗产的开发和生产基本以中小微文化企业和家庭作坊为主，很难获得金融机构的有效支持，因而在经营的过程中抵抗外部风险的能力较差，自我发展的能力较弱，面临运营融资难、场地扩展难、政策落实难等系列问题。

五是乡村非物质文化遗产振兴人才严重短缺。由于就业观念、福利待遇等因素的影响，乡村非物质文化遗产振兴专业人才（尤其是高端人才）较少，从业人员数量比例相对较小，人才引进、补充、培养困难。面对"互联网+"时代的要求，乡村非物质文化遗产及相关领域的技术储备明显不足，跨领域、跨平台的尖端人才严重短缺，创意人才、管理人才和经纪人才严重短缺，影响乡村非物质文化遗产的振兴和市场开拓，从而阻碍了文化产业向纵深发展，尤其是熟悉本土文化、懂管理、善经营、具有创新意识的复合型人才十分紧缺。

3. 乡村非物质文化遗产的保护和利用路径

旅游发展是非物质文化遗产动态保护和适应性管理的有效途径之一。将非物质文化遗产作为一种旅游资源加以利用已经得到了学界和业界的普遍认可。非物质文化遗产来自生产生活，与人们的衣、食、住、行密切相关，而旅游是包含食、住、行、游、购、娱六大要素的生活体验，二者都具有活态属性。活态属性是非物质文化遗产市场化的前提，如若仅让非物质文化遗产停留在文化展陈层面，就失去了其生产生活的性质，失去了与市场结合的意义和价值，因此非物质文化遗产与旅游凭借其活态属性，使得二者结合具有可行性。可见，发展乡村旅游为推动乡村非物质文化遗产的保护和利用提供了重要支撑。未来，在乡村地区要进一步推动非物质文化遗产与旅游的融合发展，仍需关注以下四个问题。

一是要完善文旅产业政策。推动乡村非物质文化遗产的保护和利用，各级政府要高度重视，充分认识发展乡村非物质文化遗产文化产业是加快地方经济结构调整、转变经济发展方式、促进创新创业的重要动力，也是有利于丰富人民群众精神文化生活、满足人民群众多样化消费需求、提升国民文化素质的重要途径。要制定出台适合本地区支持文旅产业发展的相关政策，设立专项资金，为发展乡村非物质文化遗产文化产业营造良好的政策环境。与此同时，充分利用各种媒体和多种手段，深入乡村地区开展多种形式的政策宣传，使非物质文化遗产从业者了解、熟悉、用好、用足各项扶持政策。

二是培育多元市场主体。市场主体在助力乡村非物质文化遗产保护和利用中具有关键作用，有必要推动形成多元市场主体共同发展、大中小微文化企业相互促进的市场主体体系。一方面，确定重点培养和扶持的企业对象，评估企业的行业吸引能力、产品市场潜力、行业竞争实力与发展潜力，通过资金、政策等方面的支持，帮助非物质文化遗产企业运营与发展，形成一批综合实力较强的市场主体。另一方面，鼓励和引导民间资本、社会资本通过独资、合资、合作等方式进入非物质文化遗产领域，投资、兴办文化企业，推动骨干文化企业多元化、集团化发展。重点支持微型非物质文化遗产企业上数量、小型非物质文化遗产企业上规模，加快小微文化企业专精特新发展，通过培育壮大多元市场主体，助力乡村非物质文化遗产的保护和利用。

三是实施项目带动战略。坚持政府引导、企业主体、市场运作，充分调动社会各方面的力量，加快建设一批具有示范效应和产业拉动作用的重点文化产业项目，扶持乡村非物质文化遗产代表性项目。鼓励高校、企业等在非物质文化遗产资源富集地区设立传统工艺工作站，搭建创意设计、工艺提升和推广销售平台，助力乡村振兴。

四是强化人才智力支持。要以高端创意设计、经营管理人才为重点，加强对乡村非物质文化遗产人才的培养和扶持，为乡村非物质文化遗产振兴提供强有力的人才支撑。要依托相关人才工程，加大高层次人才引进、培养力度。要依托各类对口援建平台，鼓励地方与央企、对口支援省份开展人才交流合作，以双向互派等方式培养急需紧缺人才。要深入实施人才支持计划，加强基层文化人才队伍建设，通过资金补助、师资支持等多种形式，支持各地举办培训班，提高非物质文化传承人的技艺和水平。

（四）新媒体与数字化发展的契机

党的十九大报告中提出"要建设网络强国、数字中国和智慧社会",明确要求深入挖掘大数据商用、民用、政用价值,全面提升经济社会智能化水平,不断推进国家大数据战略。当前,大数据智能化应用与人们的生活联系越来越紧密,人们的生产生活更加智能化、便捷化。发展数字乡村,使乡村旅游智慧化,可以释放数字红利,培育壮大农业农村发展新动能,促进农业结构调整和乡村产业振兴,促进乡村旅游提质增效。

1. 新媒体和数字化发展趋势

党的十八大以来,党中央高度重视发展数字经济,先后提出实施网络强国战略和国家大数据战略,建设数字中国、智慧社会,打造具有国际竞争力的数字产业集群等战略,出台了《网络强国战略实施纲要》《数字经济发展战略纲要》以及《"十四五"数字经济发展规划》等。根据《数字中国发展报告(2021年)》,2017—2021年,中国数字经济规模从27.2万亿元增至45.5万亿元,总量稳居世界第二,年均复合增长率达13.6%,占国内生产总值比重从32.9%提升至39.8%,成为推动经济增长的主要引擎之一。

在数字经济发展战略的带动下,明确了乡村旅游数字化发展的愿景、目标、任务与举措。例如,2015年9月,国家旅游局印发的《关于实施"旅游+互联网"行动计划的通知》中明确提出,支持有条件的地方通过乡村旅游App、微信等网络新媒体手段宣传推广乡村旅游特色产品,鼓励各地建设集旅游咨询、展示、预订、交易于一体的智慧旅游乡村服务平台;2020年11月,文化和旅游部、国家发展改革委等十部门联合印发的《关于深化"互联网+旅游"推动旅游业高质量发展的意见》,将"推进乡村旅游资源和产品数字化建设,打造一批全国智慧旅游示范村镇"作为重要任务之一;2021年12月,国务院印发的《"十四五"旅游业发展规划》中,提出要充分运用数字化、网络化、智能化科技创新成果,升级传统旅游业态,创新产品和服务方式，推动旅游业从资源驱动向创新驱动转变。2022年1月，中央网信办、农业农村部等多部门联合印发的《数字乡村发展行动计划（2022—2025年）》中，进一步提出推进乡村旅游智慧化发展，打造一批设施完备、功能多样、智慧便捷的休闲观光园区、乡村民宿、森林人家和康养基地，线上推荐一批乡村旅游精品景点路线（银元，2023）。

如今，数字化发展水平已经成为乡村旅游高质量发展的重要方向和鲜明特征。虽然大数据、云计算、人工智能、区块链、5G等技术逐渐向乡村旅游领域渗透，但乡村旅游目的地及其吸引物存在数据采集应用难度高、数字化基础薄弱等问题，"洼地"现象明显。《数字乡村发展行动计划（2022—2025年）》中指出，截至2020年8月，乡村旅游点无线网络覆盖率为86.2%，同比增长4.1%。无线网络的广泛覆盖使乡村旅游开发出了新的产品及业态，例如在抖音、快手等新媒体平台上推出了认养农业、数字农场等产品，改变了传统的营销方式。但是，乡村旅游数字化建设主客观限制较多。客观上，乡村旅游目的地区域范围广、设施分散、乡村的数字化基础建设水平较低，主观上乡村旅游发展缺乏数字化人才、资金与技术。因而总体建设进度与城市相比具有较大差距，如何破解数字不平等问题，使乡村地区充分享受"数字红利"，成为数字经济赋能乡村旅游高质量发展亟须解决的关键难题。

2. 数字媒介赋能乡村旅游的作用机制

新媒体和数字化的出现，为乡村旅游传播、运营和管理带来了全新的变化。其响应主体主要包括游客、企业和政府三类（银元，2023）。从这三类主体来看，数字媒介均能对其参与乡村旅游的行为提供助益。

其一，在数字媒介支持下，游客消费行为由被动接受转变为主动表达。对乡村旅游产品和服务的比较、购买和评价是游客的主要消费行为。以往游客旅游过程中涉及的行前信息搜集、行中旅游体验、行后经历反馈都是在线下完成的，存在信息不对称、传播渠道单一、评价分散化和短期化等不足。在数字化时代，随着搜索引擎、新媒体技术的兴起和广泛应用，游客可以获得比以往更丰富、更全面的资讯，并能够以极快的速度发布、传播旅游体验和产品评价，游客行为模式呈现出明显的个性化、精准化、互动性、分享性和便捷性特征。因此，在数字经济发展背景下，游客在消费前，通过收集信息、咨询业务等方式主动获取所需资料，消费结束后结合自己的消费体验及时分享与评价，改变过往被动接受信息、延时表达的消费行为。在此过程中消费者享受到乡村旅游数字化带来的便利，并通过自身的消费行为，为乡村旅游发展提供了大量可供参考的个性化、动态化数据，乡村旅游目的地利用数字化平台整合、分析，不断开发调整，更好地适应和满足游客需求。

其二，在数字媒介支持下，企业经营模式由片段化割裂转变为平台化整合。乡村旅游产业发展过程中，乡村旅游企业的作用尤为突出，是国家战略带动力、技术创新推动力、旅游产业发展驱动力的主要承担者，也是旅游经营模式状态调整的核心主体。游客旅游体验过程中，因旅游企业的类型限制使得企业只为游客提供部分产品和服务，造成旅游信息流割裂，无法及时对接，从而无法及时满足游客的个性化需求提升其旅游体验。而数字化转型的出现拓宽了旅游的行业边界，改变了其生产方式，优化企业内部和外部资源配置，呈现出虚实交互迭代、价值边界突破等显著特点。换言之，随着信息技术的引入和应用，在旅游者和旅游企业之间构建起网络化运营模式，旅游企业整合企业内外部资源、传播和推广其旅游信息、线上线下联合销售，旅游者获取旅游资讯、精准对接旅游企业、实现其旅游需求，二者知识共享、及时交流、虚实交互，使得旅游者与旅游企业面对面成为可能。

其三，在数字媒介支持下，政府治理模式由行业封闭治理转变为社会共享治理。各级政府是制定和承接国家战略、推动技术创新、治理调整旅游行为的关键主体。以往乡村旅游治理过程中，政府及其行业主管部门主要通过行政手段对旅游企业进行监管、维护市场秩序、确定资格审批和市场准入机制、制定市场发展规划等，乡村旅游治理方式侧重于行业内部管理。而在数字经济发展背景下，政府提供公共服务，面向游客和旅游企业发布公共信息，搭建投资、咨询、监管服务平台，实现从行业封闭治理向社会共享治理转变，从单一的条块化治理向综合的平台化治理转变。

3. 数字媒介赋能乡村旅游的创新发展

未来，要充分发挥数字媒介对乡村旅游的促进作用，可从以下三个方面着手。

首先，提升数字化建设水平，推进乡村旅游数据有效集成。数字基础建设与数据采集是乡村旅游数字化发展的基础。现阶段乡村旅游数据离散，旅游前期、中期、后期数据在时间和空间上存在割裂。依托于大型线上旅游运营平台的数据搜集与分析处理能力，游前、游后的数据采集数量较多、质量较高。但是由于乡村旅游目的地的数字基础建设水平较弱，区域内数据采集不足，造成了乡村旅游数据采集质量的参差。缺乏对游客需求和偏好的整体分析与定位，无法及时反映乡村旅游目的地发展进程，因此提升数字化建设水平，推动乡村旅游数据有效集成具有必要性。一是要统筹乡村数字建设"一盘棋"推进，将数字基础设施建设规划与乡村旅游数字化发展有机结合。政策上，将数字基础设施建设纳入专项计划应用于乡镇级国土空间规划过程中；资源上，加大资金、技术、人才投入力度，完善乡村旅游公共场所、景区网络覆盖，搭建5G基站、大数据中心等数字化设施，巩固乡村旅游信息基础，将数字化技术应用于智慧导览系统等乡村旅游基础设施，补齐乡村旅游数字化发展的软件、硬件短板。二是要加强数字技术的耦合协调，使乡村旅游平台从"形式平台"向"内容平台"转变。现有乡村旅游平台功能单一，无法满足游客检索信息的需求，存在使用频率低、使用体验差等问题。为提升平台内容质量，建立以村庄和景点为单位的电子围栏，在乡村旅游地内部采集交通、气象、舆情等信息构建数据库，通过对村庄和景点原有视频监控升级AI能力、获取OTA消费数据等，建立流动人员画像。针对游客需求搭建新型乡村旅游服务平台，涵盖旅游目的地基本信息、智慧服务、在线预订、点评交流等多样化多功能内容。实现旅游信息的本地采集，有效破解乡村旅游的供需不互动问题。

其次，要提高乡村主体的数字素养，增强数据认知与运用能力。

现阶段，尽管中国城乡信息基础设施差距不断弥合，但是乡村地区的综合数字素养落后明显。从实践来看，提升农村居民数字素养关键在于提高农村居民的认知、意愿和能力。一是加大素质素养与能力教育培训的力度。探索以政府为主导，以行业协会、学校、企业为主体，以提升农村居民数字素养为目的的数字化培训教育体系。在培训过程中，引导农村居民理解数字化必备基础知识，培养个体的数字化思维，训练对数字化工具的使用，加大对数字化通用素养、数字化社交素养、数字化创意素养和数字化安全素养的培养。与此同时，搭建数字素养与技能培训的网站、开发移动应用程序、设立公众账号等建设多样化信息获取渠道。有序引导科研院所、普通高校和职业院校、企业机构、团体组织、高端数字人才等发挥自身优势，拓宽培训资源。二是加强乡村数字化人才建设工作。结合乡村数字化发展现状，聚焦乡村育才工作。深化校企合作、政企合作，培养一批具有创新性的复合型人才，通过举办数字技能竞赛活动，以赛代训、以赛促学，检验所学成果，加强本土数字化人才培育。为实现引才、留才目标，政府、企业、协会合作构建引才工作机制，发挥政府部门的背书作用和协会的沟通作用。充分挖掘乡村数字化发展先进人物、典型案例的价值，总结推广，吸引优秀数字化人才扎根乡村数字化建设，并在发展通道、工作条件、生活待遇等方面为数字化人才下乡提供更多保障。

最后，要积极构建平台型政府，推动数据共建共治共享。现阶段，乡村旅游发展所需数据资源大多由政府统计掌握，平台数量多但信息价值低成为普遍现象，数据流动性、准确率等方面问题突出，乡村旅游数字化治理仍停留在基础化阶段。因此应构建平台型政府，做好数据的校准工作，主动将数据开放，通过共建共享，推动乡村旅游数字化发展与社会治理相协调。一是要推动数据一体化聚集与共享。县、乡、村平台联动管理，使政府数据资源向统一平台集聚。利用政务云端、政务网站数据搭建乡村旅游监测体系，成立大数据中心平台，利用数字化技术对流量监测、舆情预警等进行可视化开发。同时，实现乡村旅游数据共建共享，带动政企信息互动开放，合力拓宽乡村旅游发展空间。二是要激发、引导公民参与乡村旅游治理的积极性。实践证明，新型"积分制"参与式管理模式更有利于激发自治内生动力，例如"爱心超市""道德银行""积分储蓄站"等，通过物质奖励、荣誉表彰、光荣榜单等激励措施，让广大群众成为基层治理的主要参与者和受益者，构建起公共事务参与同个人利益结合的体制机制，最终实现群众从旁观者到积极参与者的根本性转变。因此，要在党委统一领导下，在现有规范管理的基础上，不断探索"积分制"参与式管理模式在乡村旅游建设中的可行性，加大在乡村旅游服务、评价等方面的运用，总结各地乡村实践经验，最终形成标准化的运行程序，出台具有普适性、指导性的积分管理办法并推广实践。

七 乡村旅游发展的国际借鉴

（一）英国乡村旅游

1. 发展历程

英国历史悠久、自然资源丰富，被视为现代乡村旅游的发源地之一。其乡村旅游发展历程可归纳为如下三个阶段。

第一阶段为萌芽阶段。英国乡村旅游起源和发展有如下两个重要原因。一是工业革命推进了城市化进程，为乡村旅游提供了客源市场。早在1921年，英国城市化水平就已经达到77.2%（国家发改委"欧洲城市化与小城镇管理"考察团，2003），农村人口大量涌入城市，引发人口拥挤、交通堵塞、生活节奏加快、生活压力增大等问题，居民生活质量下降。在此背景下，城市居民想要逃离拥挤、污染的城市生活，渴望踏入乡村、回归自然，这为乡村旅游的兴起提供了契机。二是英国民众有浓厚的"乡土情结"，始终秉持着"田园主义"的传统（盛帅帅，2022），乡村情结引发对乡村的眷恋（赵紫伶等，2018）。此外，19世纪中期，英国开始推行乡村改造运动，在此背景下英国乡村环境得以改善，进一步提升了乡村旅游的吸引力。

第二阶段为发展阶段。到20世纪六七十年代，随着交通网络的日益完善和城市化进程步伐的持续推进，人们对自然和文化旅游的需求持续增长，乡村旅游愈加受到青睐。1998年，英国城市化率水平达89%，远高于世界平均水平（46%）（国家发改委"欧洲城市化与小城镇管理"考察团，2003）。并且，此阶段乡村旅游产品和服务逐渐多元，以农家乐、手工艺品制作、传统美食体验等为代表的乡村旅游产品，让游客能够更深入地了解英国乡村的文化和生活方式。乡村旅游兴盛且规模逐步扩大。相关统计数据显示，截至1980年，英国接待的乡村游客数量就超过了19亿人次（邓爱民、龙安娜，2021）。

第三阶段为成熟阶段。随着乡村游客的持续增长，英国开始探寻乡村旅游可持续发展和数字化转型的方式。例如，在乡村旅游发展过程中凸显环境保护和低碳旅游，徒步旅行、自行车旅行等受到追捧，在关注旅游经济效益的同时也开始强调社会效益。另外，数字化营销和服务也成为英国乡村旅游的重要手段，通过社交媒体营销、在线预订等方式为乡村游客提供更加智能化、个性化的旅游服务。

整体而言，英国乡村旅游经过数百年发展，现阶段已发展成为英国旅游业中最大的分支部门和国民经济的重要构成，其参与人群从最初的富裕阶层逐步扩展到一般民众群体，在接待游客规模、产生经济效益、创造就业机会等方面都不容忽视。这可从以下统计数据得以窥见：2001年，英国乡村旅游创造的产值高达140亿英镑（盛帅帅，2022），而依据英国旅游业联盟2019年统计数据，截至2018年，英国每年接待的游客中就有17%的人参加了乡村旅游，全年创造了38.4亿英镑的旅游收入（邓爱民、龙安娜，2021）。

2. 代表案例

英国乡村旅游在发展过程中有众多优秀案例可借鉴，在此从田园体验、古典风情和生态农业三个维度分别论述。

（1）田园体验——科茨沃尔德地区

科茨沃尔德是典型英式风情的田园乡村，并不具备行政分区上的意义，而是一个区域统称，包括5个县200多个小村庄，这片区域于1966年被认定为英国自然杰出风景区（Area of Outstanding Natural Beauty，AONB）（赵紫伶等，2018）。科茨沃尔德地区充分利用自身文化和资源优势，保留了完整的传统英格兰田园乡村风土人情，与法国普罗旺斯、意大利托斯卡纳一起被称为欧洲三大最美乡村（李麒麟，2020）。科茨沃尔德地区以古老的城堡、充满英式风情的庄园以及绚丽多彩的丘陵景色而著称，其中，水上乡村伯顿（Burton on the water）和拜伯里（Bibury）最为大众所熟知。

具体而言，科茨沃尔德地区作为英国乡村旅游发展的最高水准的代表（盛帅帅，2022），其发展特色可以归纳为如下几点。一是在乡村旅游资源开发过程中充分利用各类资源，如充分利用自然风光和中世纪建筑打造乡村旅游景观，也充分利用名人效应提升其影响力。如将与名人相关的遗迹和建筑打造成旅游景点，推出与名人相关的文化活动、节日等。二是在旅游资源开发时凸显"浪漫"主题（李麒麟，2020）。科茨沃尔德地区规划了一条长达120千米的环形旅游线路——"浪漫之路"，串联了17个富有浪漫气息的乡村彰显"浪漫"特色，因其浪漫氛围而被评为"全球十大求婚胜地"之一。三是举办各类节庆活动，持续产生吸引力。包括独具地方特色的工艺品市集和农品市集、切尔滕纳姆文学节（Cheltenham Literature Festival）、皇家国际军事航空展（The Royal International Air Tattoo，RIAT）等。科茨沃尔德地区乡村旅游收益显著，资料显示，2007年接待乡村游客数量就高达3800万人次，创造了1.3亿英镑的经济收益，且科茨沃尔德地区的户均收入高达60800英镑，跻身全英排名前20位（盛帅帅，2022）。

（2）古典风情——库姆堡古镇

库姆堡（Castle Combe）古镇坐落于科茨沃尔德的南部，相对完整地保存着14世纪以来的乡村建筑风格，被欧洲《泰晤士报》誉为"英国最美村庄"（王新同，2018）。此外，库姆堡小镇还是众多影视的外景拍摄地和取景地，如电影《狼人》和《战马》等。具体而言，库姆堡古镇的特色主要体现在以下几大方面。一是以历史建筑风格作为核心吸引力。库姆堡保留着原有建筑风格和特色，且许多建筑物被列为国家保护文物，小镇整体呈现都铎式建筑风格，和谐统一（吴静，2021）。二是不过度开发，保障古镇的持续吸引力。为了保障不被过度开发和不破坏其原始风格，村庄没有安装路灯，村民们仍然保持着较为传统的生活方式。

（3）生态农业——布莱克区农场

布莱克区农场地处英国林肯郡，自然环境和生态资源得天独厚，占地约 4860 亩，2007 年开业，开发了近 4000 亩的农作物植物园作为核心乡村旅游产品吸引游客，在 2013 年被《卫报》评选为"英国 10 个最佳度假式农场"之一。布莱克区农场的核心优势体现在如下几个方面。一是提供高质量的乡村旅游体验。农场通过提供最天然的田园风貌和高品质的住宿服务吸引游客，既注重游客可以在农场品味原汁原味的田园生活，也注重游客的参与度，游客可以自助烹饪食材。农场依靠各类设施为游客提供完备的"吃住行游购娱"六要素服务。二是农场遵循有机种植和生态发展的理念，采取一系列措施实现低碳环保，包括避免使用非自然肥料等方式为游客提供健康的食品、使用节能灯泡和清洁能源产品等，塑造出良好的"对自然友好"的可持续发展氛围。三是在乡村旅游产品开发中充分体现趣味性和教育性，特别是关注亲子旅游的需求。游客可以通过参观农业生产过程、参与农事活动、与动物互动等方式体验真实的乡村生活。

3. 发展经验

（1）政府作用凸显

英国政府大力支持乡村旅游发展，致力于为乡村旅游发展创造良好的环境，主要表现在政策及财力方面，且对乡村旅游的干预力度小（陈泉，2015）。具体而言，表现在通过成立专门的乡村旅游机构，或是制定系列法律法规保障乡村旅游健康发展。其中，与乡村旅游相关的部分政策支撑如下。1926 年成立英国乡村保护协会；1932 年颁布《城乡规划法》，为保护乡村自然环境和文化遗产提供依据；1991 年成立农村发展委员会，加强对乡村旅游业的财政支持。《英国乡村法》（1968 年）和《乡村旅游条例》（1969 年）规定了乡村旅游发展的基本原则和标准，确保了乡村旅游的规范化和标准化。还颁布了《国家公园和亲近乡村法案》（1949 年）等为乡村旅游发展提供指导。除此之外，政府还通过乡村发展基金、乡村旅游发展补助金、文化遗产保护基金、农业与乡村发展资助计划等为乡村旅游发展提供资金支持，用于支持乡村旅游的基础设施建设、宣传推广、人才培训等方面。民间也自发形成了非政府组织，如英国乡村保护协会、农场休假协会等，促进乡村旅游发展（杨丽君，2014）。此外，各乡村地区也在寻求资源保护方法，如 2004 年，科茨沃尔德建立了保护委员会，主要目的是维护和加强科茨沃尔德自然风景区的建设，居民可以向理事会申请历史建筑保护，经过专业人员对建筑评估之后再进行确定等（李麒麟，2020）。

（2）产品开发多元

英国乡村旅游在经营过程中始终坚持以农业为核心，且以本地居民为核心经营主体（盛帅帅，2022），保障居民参与乡村旅游经营过程并获得收益。英国利用自然风光、历史遗迹、传统文化、民俗活动等各类旅游资源开发不同类别乡村旅游产品，以此满足游客的多样化的需求。如科茨沃尔德地区的田园风光、城堡、教堂、手工艺品等均是吸引游客的重要资源。此外，英国还通过开发多元化的乡村旅游活动、多样住宿选择和多类型的旅游商品来提升乡村旅游的吸引力。其中，B&B 小旅馆是最具英国特色的住宿选择，例如莎士比亚小屋就是英国白金汉郡乡村内一家知名的B&B小旅馆，这类小旅馆以其便捷、经济以及提供的早餐服务而著称，成为乡村旅游的一大亮点（刘宁宁，2017）。

（3）注重品牌建设

英国在乡村旅游发展过程中还注重营销和品牌建设。例如，2012年，伦敦奥运会开幕式以"田园交响曲"作为首个章节，以此向全世界展示英国乡村的优美自然风光和丰富的文化遗产，凸显英国乡村文化的独特性和多元性，以此提升了英国乡村旅游的知名度和吸引力，激发了游客兴趣。此外，英国乡村旅游在品牌建设方面注重挖掘特色、统一规划、提高服务质量，以此提升乡村旅游竞争力。

（二）美国乡村旅游

1. 发展历程

因面临城市农村二元结构发展不均衡、农业生产过剩等问题，美国乡村旅游被视作促进经济复苏的手段得以重视。美国乡村旅游起源于19世纪，兴盛于20世纪70年代末80年代初（石金莲等，2015）。1880年，北达科他州开设首个"休闲牧场"，提供了一种新的旅游模式，常被视为美国乡村旅游的萌芽。整体来看，美国100多年的乡村旅游发展历程可细化为如下三个发展阶段。

第一阶段为19世纪末20世纪初，该阶段乡村旅游兴起，一些富裕的城市居民开始到乡村以逃离城市喧嚣，该阶段以农业参观为主，游客体验农场和牧场生活。

第二阶段为20世纪初到20世纪中叶，该阶段为乡村旅游快速发展的黄金时期，受交通和通信技术发展的影响，乡村游客规模群体逐步扩大，且对乡村的探索扩展到乡土文化，特别是以中产阶级为代表的乡村度假市场风靡。

第三阶段为20世纪中叶至今,乡村旅游体验更为深化,且乡村旅游逐渐成为美国旅游业的重要组成部分。乡村旅游更加多样化和个性化,涵盖了乡村文化、生活方式和户外活动等多方面的体验。

现阶段,美国乡村旅游内容丰富,游客既能探访历史文化遗迹和民俗活动,也可参与垂钓、乡村度假、温泉度假等休闲活动,还能参与收割、放牧等农业活动(见表7-1)。美国在发展乡村旅游时,不仅精心规划村庄布局,还积极倡导全民参与,充分利用农场、国家公园、印第安文化等独特资源,形成了观光休闲型和文化教育型等多种旅游模式(朱令,2020)。已有数据显示,美国有近2/3的成年人到访过乡村地区,且绝大部分的出行目的都是休闲游憩。

表7-1　　　　　　　　美国乡村旅游的内容与活动

	内容与活动
文化活动	探访历史文化遗迹,参加民俗活动,学习手工艺,欣赏乡村民谣,品尝地方风味,参观工农业企业、手工业企业、博物馆,学习外语、园艺、厨艺等
休闲活动	垂钓、游泳、划船、漂流、徒步、乡村度假、观鸟、观察野生动植物、摄影、赏景、狩猎、温泉疗养等
农业活动	播种、收割、放牧、挤奶、捕捞、采摘、酿酒、农产品加工、农产品博览、参加乡村节日等

资料来源:文献(刁志波,2014)。

2. 代表案例

(1)遗产旅游型——国家公园

美国遗产旅游以国家公园为典型代表,以其独特的自然风光和丰富的历史文化吸引世界范围游客,其中,约书亚树国家公园、印第安纳沙丘国家公园、黄石公园、落基山国家公园等,为美国代表性国家公园。黄石公园为美国第一个国家公园，以其壮丽的火山地貌、丰富的野生动植物资源和独特的温泉景观享誉世界。多年来，黄石国家公园的游客访问量一直稳居全美前五，充分展现了其在美国遗产旅游中的重要地位。

（2）自然风光型——黑莓牧场

美国黑莓牧场建成于1940年，地处田纳西大烟山脚下，作为美国最奢华的私人牧场之一，以自然风光被大众所熟知，被称为"美国第一乡村休闲胜地"（代人杰，2023），被誉为农庄界的"希尔顿"，且获得多项相关旅游奖项。

美国黑莓农场的发展特色在于打造综合性体验采摘园，打造商业区、餐饮会议服务区、农园、牧园、体育运动区、住宿区六个功能分区，共同塑造乡村度假区。综合而言，黑莓农场提供丰富多样的体验项目，如参观农场、采摘果实等，让乡村游客深度体验乡村生活魅力。同时，黑莓农场通过开设园艺课程、烹饪课程等来增强游客体验的深度。

（3）文化教育型——怀俄明州

文化教育型乡村旅游主要依靠历史文化遗产资源来发展，集旅游与文化教育于一体（凌丽君，2015）。例如，怀俄明州以"乡村牛仔"形象吸引游客来此参观，亲身体验当地牛仔文化风情（凌丽君，2015）。不仅怀俄明州自然风光为乡村旅游提供了得天独厚的条件，而且作为美国西部牛仔文化的发源地之一，牛仔文化这一重要资源得以充分利用。该州通过将牛仔文化融入乡村旅游的各个方面，通过设置博物馆、活动、节庆等方式吸引游客，游客在此可以参观牛仔博物馆、体验牛仔生活（如骑马、赶牛、射击等）、观看牛仔竞技表演等。这既可以实现牛仔文化的保护和传播，也通过旅游活动助推当地经济的可持续发展。

3. 发展经验

(1) 充分发挥非政府组织的作用

具体来看，美国乡村旅游蓬勃发展，一方面依托于政府的支持，政府出台了众多相关政策为乡村旅游开发提供了有效的法律支持与保障，涉及资源保护、资金援助、优惠政策等多个方面。其颁布的部分政策包括成立户外游憩资源评估委员会（1958）、农村旅游发展委员会（1992），颁布《荒野法》（1964）、《国家荒野和风景河流法案》（1968）等（凌丽君，2015）。进一步，行业协会、社区等非政府组织的作用也不容忽视。例如，美国政府1992年出台政策成立国家乡村旅游基金，其作为非营利性机构承担制定规划、筹集与分配发展资金等重要职责（丁晓燕、孔静芬，2019）。美国农业协会为有意投身于乡村旅游事业的民众提供信息咨询和项目指导；通过举办乡村旅游展览、研讨会等活动提升相关从业者能力等。

(2) 注重乡村旅游产品开发

美国尤为注重乡村旅游产品开发，其旅游产品涵盖文化、观光、度假等多个维度，满足乡村游客的多维需求。游憩郡是美国乡村旅游的典型代表，据统计，现阶段美国有311个游憩郡（石金莲等，2015）。

(3) 注重营销活动推广

美国乡村旅游蓬勃发展，营销的重要性也不容忽视。例如，策划"节日营销"形成宣传效应，威斯康星州借助烹制汉堡包申请吉尼斯纪录这一事件，策划了"汉堡盛宴"活动吸引游客关注；在美国独立日开展烟花庆典活动。此外，还利用一些其他营销方式，如在大型购物场所分发小册子、在高速公路设置醒目广告牌等方式吸引游客的注意力。整体来看，美国通过策划一系列的节日庆典、农业体验、文化传承等活动展示了乡村独特魅力和特色文化，吸引游客到访提升旅游经济效应。

(三) 日本乡村旅游

1. 发展历程

日本乡村旅游发展兴起于20世纪70年代,背景主要表现在以下两大方面。一是受工业化和城市化进程影响,大量青壮年劳动力外流导致日本农村空心化现象凸显,第一产业逐渐衰落,政府打算通过发展乡村旅游提振农村经济,发展乡村旅游成为解决农村问题的重要措施。二是城市化迅猛发展引发城市居民产生怀旧思潮,开始渴望回归本土文化,日本居民开始寻找和重现乡村传统,也吸引了大批青少年回归乡村,这是乡村旅游发展的动力之二。在此背景下,日本开始推进高级度假村建设和农家乐经营,乡村旅游开始得以重视并兴盛。日本大中城市出现观光农园、休闲农庄,成为日本乡村旅游的最初模式。

现阶段,日本乡村旅游在世界享有盛名,被称为"亚洲乡村旅游的标杆"(赵爱民等,2016)。发展类型多样,包括以果园采摘、农家乐住宿、温泉度假为代表的观光体验,也包括参观历史遗址遗迹体验乡村文化魅力的文化体验。

2. 代表案例

(1) 观光体验型——美山町和白川乡

观光体验型乡村旅游地为游客精心打造时令果园、乡村农场、农渔业观光活动等项目,也提供修学体验式旅游项目满足游客需求。日本观光体验型乡村旅游地比较有代表性的有美山町和白川乡。其中,美山町地处日本京都郊外,每年吸引高达7000万人次的游客,被誉为日本三大"茅草屋之乡"之一,以其保存完好的日本传统乡村风光而闻名,常被称为"日本人心灵的故乡"。美山町在开发乡村旅游过程中,注重资源保护,日本文化厅肯定茅草屋的价值并鼓励当地居民进行文化资产保存,

1993年，美山町北村及其周边森林被指定为"传统建筑的保护区"。在乡村旅游项目开发方面，推出了美山民俗资料馆、小小蓝美术馆、茅草屋民宿体验等项目，也打造了防火演习、雪灯廊等特色节日。白川乡位于日本岐阜县西北，生态基底保存较完好，其特色建筑"合掌造"与生态和谐的自然环境吸引了大量游客。白川乡设有展览馆、民俗体验馆和饮食店等，让游客从食、游、娱三个维度深度体验乡村生活场景。游客也可以在园内体验染色、机织等传统工艺，品尝当地的特色农作物美食或购买传统作坊工艺品。

（2）**艺术型——直岛**

直岛乡村旅游发展模式独特，是将当代艺术与乡村风光结合成功的典范，将直岛转化为独具特色的文化景点吸引乡村游客。政府在基础设施建设中融入艺术元素，使艺术与自然和谐共存。同时，直岛充分利用资源，通过艺术改造将历史文化和生活风俗具象化，使之转化为旅游资源，为游客带来独特的视觉享受和体验。此外，直岛举办艺术节、展览等节庆活动。另外，在旅游业发展中，直岛注重当地居民的参与，使艺术作品与当地历史和生活相结合，为游客提供了独特的观光体验，加强了游客与当地文化的互动。这不仅提升了直岛旅游的吸引力，也加强了游客与当地文化的互动，使游客留下了深刻的记忆。

3. 发展经验

（1）**充分彰显本土元素和文化传统**

日本发展乡村旅游始终坚持以农业生产为基石，乡村"农业发展"与"旅游发展"同等重要，二者相互促进形成良性循环的发展态势，在发展乡村旅游时注重凸显"乡村"显性特征，注重打造乡村旅游产品特色（赵爱民等，2016）。

日本挖掘地域原有内涵为观光资源，凸显地域特色，不同乡村地区根据自身特色开发乡村旅游产品。例如白川乡的合掌造村落，这些地方通过保留传统的建筑和生活方式，成为吸引游客的热点，同时也被列入了世界遗产名录，进一步提升了其旅游价值。尤为值得一提的是，日本采取"一村一品"策略，每个村庄充分发挥本地资源优势，打造独具鲜明特色的旅游品牌，以此规避恶性竞争，从而确保乡村旅游产品的持久魅力和生命力（Knight，1996）。可以进一步从马路村柚子和雪子寿司来看。马路村通过挖掘本地柚子资源，结合深加工和多元化发展，成功将柚子产业发展成高附加值的产业链，并注重品牌建设和文化营销，提升了马路村柚子的品牌形象和市场竞争力。而雪子寿司则通过创意和品牌塑造，将本地资源转化为具有独特魅力的产品，并通过人才培养和团队协作实现了创意农业的成功发展。这两个案例都展示了"一村一品"模式在推动乡村经济发展、提升农产品竞争力方面的重要作用，强调了挖掘本地特色资源、注重创意和品牌塑造、加强人才培养和团队协作的重要性，为乡村产业的升级和转型提供了有益的借鉴和启示。

（2）文化和旅游融合提升乡村旅游吸引力

日本较早思索如何将文化和旅游深度融合，其中，将动漫文化与乡村旅游有效融合即是典型案例。比如，部分乡村地区依托知名动漫作品和角色进行旅游资源开发，设置动漫主题旅游线路、以动漫元素装饰酒店或住宿、举办动漫主题展会等。以柯南小镇为例，该小镇以"名侦探柯南"为主题进行了深度旅游开发。小镇上不仅有柯南大道、柯南大桥等以动漫角色命名的设施，还设立了"柯南侦探社"等体验项目，让游客能够亲身参与到动漫的世界中。同时，小镇还结合当地的农业资源，推出了农业休闲观光项目，实现了以文促旅、以旅带农的发展目标。此外，熊本县打造的熊本熊、在站口迎送乘客的流浪猫"阿玉"等可爱的动漫人物吸引了大量游客，也是日本将动漫"二次元"文化嵌入乡村旅游的代表案例。

（3）产品开发遵循综合发展模式

从日本现有乡村旅游类型来看，单纯以观光为主的产品较少，而是在乡村旅游产品开发上注重融合观光、体验与教育功能，提供一系列综合性旅游产品以满足不同群体的需求。特别是喜欢在乡村旅游产品开发中凸显教育功能，旨在为游客打造一个宜人的学习环境，通过自主探索的方式，让他们深入体验农村生活和农业生产技能，从而在享受休闲时光的同时，获取知识，如日本推出观鸟旅游让游客欣赏鸟类、观察鸟类的生活习性，并通过专业的鸟类学家现场解说增长关于鸟类的知识（丁晓燕、孔静芬，2019）。此外，白川乡与丰田汽车制造公司合作建立了一所体验大自然的学校，于2005年4月正式投入使用，学校以自然环境教育为主题，也通过建立教育农园、观光农园，以农场环境为依托让游客学习农业知识。总的来说，日本在乡村旅游发展过程中嵌入教育功能的方式丰富多样，注重游客可以通过乡村旅游活动获得知识、增长见闻。这种综合性旅游体验既有助于提升乡村旅游吸引力和价值，也有益于推动乡村文化和教育的传播和发展。同时，日本在发展乡村旅游过程中也注意培育农户这一重要人力资源。

八　乡村旅游发展的未来展望

站在新的历史起点上回顾过去和展望未来，中国的乡村已经发生且还将发生深刻的变化。在中国乡村面貌发生翻天覆地变化的进程中，乡村旅游发挥了独特而巨大的作用。在中国式现代化的发展背景下，有必要对乡村旅游发展的新环境、新趋势、新挑战和新机遇加以分析，并就其未来发展提出有益建议。

（一）新环境

一是市场变化，近郊游取代远程游成为新的市场热点。2020年新冠疫情的暴发改变了人们的生活方式与出游偏好，近郊游取代远程游成为新的市场热点，并将形成长期趋势。其一，经过四十余年的发展，乡村游、周边游积累了相当不错的近郊旅游产品，形成了一定的供给能力，能够很好地满足人们近郊旅游的需求。其二，2020年，全球暴发的新冠疫情改变和影响了人们的生活方式和旅游偏好，一方面疫情期间人们积攒的旅游需求在后疫情时代爆发出来；另一方面，出境旅游和远程旅游需求向国内近郊旅游需求转换。由于疫情影响的不确定性，近郊旅游将成为未来一段时期内的主要趋势，而乡村旅游也随之成为国民旅游需求市场的热点领域。

二是竞争变化，新型旅游目的地更可能赶超老牌目的地。近年来，国内涌现出一批新的旅游目的地，依托不同的能力构建，迅速获得市场青睐，赶超一众老牌目的地。如无锡的拈花湾、北京的古北水镇、西安的袁家村、盐城的荷兰花海，均在短短几年内从无到有，甚至在人气和产业效应上均超过了传统的头部旅游目的地和景区。市场渴求新的旅游体验，愿意接纳尝试新开发的旅游项目，这为后发的旅游目的地获得了更多的赶超可能性。

三是手段变化，网络经济为产业能力塑造提供新工具。网络经济融入旅游业，创新网络旅游新业态：2020年新冠疫情推动了云旅游、云娱乐、网上博物馆、VR旅游等新业态的发展，旅游业发展的基本逻辑被改变，旅游者不再被要求离开惯常居住地，到达旅游目的地，只需在家中打开电脑或者移动手机，就可以完成一次旅游活动，这为旅游业的发展提供了新产品打造的新思路。网络经济融入旅游业，使旅游业拥有更高效率和更快速度。网络旅游颠覆了传统的旅游模式，利用互联网思维对旅游产业链的所有环节进行集成和优化，可以使旅游消费者不受时间和地区的限制，及时了解和掌握需要的旅游资讯。

四是缺口变化，由观光旅游的缺口走向深度休闲缺口。2019年我国人均国内生产总值突破1万美元，休闲度假旅游已经成为旅游最新趋势，并且已表现出两方面特征：一是休闲度假旅游需求旺盛，甚至会表现出发达国家人均国内生产总值2万美元时的特征；二是参与休闲度假人数快速增加，中国旅游研究院发布的一项报告显示，超过50%的游客将休闲度假作为出游的目的。同时，随着国民休闲度假旅游意识进一步强化，休闲时间进一步增加，阶层不断扩大，参与率和消费正大幅提升，需求也日趋个性化；但是，中国休闲度假旅游供给依然相对落后。落后的休闲度假旅游供给与日渐增长的旅游需求相比，存在相当大的缺口。

五是方式变化，自驾游兴起带来产业深度链接的机遇。据公安部统计，截至2021年9月，全国以个人名义登记的小微型载客汽车（私家车）达2.37亿辆。2022年全国公路里程达535万公里，比2012年增加112万公里，高速公路通车里程为17.7万公里，稳居世界第一。中国家庭汽车保有量迅猛增长、公路网络建设不断完善，奠定了自驾旅游市场快速发展的基础。马蜂窝大数据显示，2023年自驾游已成为假期出游的热门选择，自驾游热度同比增长39%，其中，"暑期亲子家庭自驾游"热度持续攀升，华东、西南和华北等地区的自驾游热度最高，热度占比分别为22%、22%和15%，华北和东北地区的自驾游热度同比涨幅分别达到119%和105%。自驾游市场火爆带来了旅游产业深度链接的机遇，深度链接区域自驾游产品，打造具有吸引力的自驾游热点线路与特色目的地。

（二）新趋势

中国乡村旅游起步于20世纪80年代，随着国家休假制度的实施和假日经济的兴起，特别是进入21世纪以来大力推进"中国乡村游"，中国乡村旅游进入全面、快速、优化发展的阶段。在城镇居民消费升级、旅游休闲日渐常态化的背景下，中国乡村旅游发展呈现出向常态化、多元模式、深度体验和主体升级发展的新趋势。

一是乡村旅游向常态化发展。在城市化进程加速推进的当下，人们急迫需要一个缓解压力、释放身心的生活空间，而乡村旅游恰恰满足了国人心灵的需求，乡村正以其特有的环境和生活方式吸引着越来越多的旅游者参与其中。乡村的空气、河流、民俗风情、农耕文化、农副产品等均成为重要的乡村旅游资源，旅游者报以亲近自然、放松身心、呼吸新鲜空气、体验美食、健身娱乐以及与亲友增进感情等目的到乡村进行旅游活动。乡村旅游已经成为居民日渐常态化的消遣方式，成为众多家庭周末休闲的常态方式。

二是乡村旅游向多元模式发展。乡村旅游发展始于"农家乐",随着近年来资本的介入,乡村旅游超越农家乐形式,形成了丰富多样的产业类型,向多元复合型产品转变,从而满足不同层次的游客需求。各地根据自然特点、区位优势、文化底蕴、生态环境和经济发展水平,先后形成了形式多样、功能多元、特色各异的模式和类型。

三是乡村旅游向深度体验发展。现代人的旅游诉求已不再是"多走多看",异质化的旅游体验永远是最高追求。可见,乡村旅游的生命力和灵魂在于体验,未来乡村旅游的发展也将更加重视乡村旅游的体验性。游客希望通过自然生态体验乡村生态文明,感受山水田林湖草沙等原生态自然美;通过农业生产体验乡村农耕文明,了解古法农业耕作、亲历农事劳作、学习农(机)具使用、体验采摘等;通过农家味道体验乡村饮食文化,品尝原产地新鲜、安全、地道的生态食材甚至亲手制作土特产;通过乡村习俗体验乡村乡土文化,感受乡村"一年三节"、婚丧嫁娶等节庆习俗以及乡风乡纪、村规民约、家风家教、耕读意境等风土民情。

四是乡村旅游向主体升级转变。农民、企业和政府是乡村旅游发展的三大参与主体,并形成了农民主导型、企业主导型和政府主导型三类运营模式。然而,在全域旅游、大众旅游、数字经济等时代背景下,乡村旅游的参与主体正在进行自我升级和扩张,并开创更多元的乡村旅游模式。其中,农民主体中的精英个体开始自我觉醒,率先从农家乐的红海竞争中抽身而出,步入自我升级的良性发展循环中;企业主体作为外援式乡村旅游开发主体,越来越多的开发商开始关注乡村旅游的存量资源,以开启将古村落、闲置特色村落进行改造的新开发方式;政府主体正在转换角色,从乡村旅游微观事务性管理转向服务型政府,从"完全主导"向"有限主导"转变。总之,乡村旅游产业的运作主体正在不断升级,以迎接新的时代命题。

（三）新挑战

一是旅游消费"三化"趋势引发的引领机制如何创新。"近地化、高频化、大众化"已成为乡村旅游消费的明显趋势。当前，国民对休闲的重视程度越来越高，休闲出游已成为其日常生活不可或缺的组成部分，尤其在经历了三年的新冠疫情困扰之后，人们越来越倾向于慢节奏、短周期、近距离的出游方式，对安全、健康、舒适等旅游体验也更加看重，而城郊或乡村因活动区域相对开阔、人流密度相对较低，正成为都市居民远离城市喧嚣、放松身心的重要选择，未来近地化、高频化、大众化将成为乡村旅游发展面临的巨大机会。乡村旅游的广阔消费空间，将在乡村经济发展、乡村增收致富、乡村产业转型、乡村生态保护和城乡协调发展等方面产生明显的推动作用，为助力实现共同富裕带来巨大机会。然而，目前中国的乡村旅游政策推动和市场引领依然偏弱，不能适应这一发展趋势，今后如何创新，将是中国乡村旅游发展必须面对的挑战之一。

二是旅游产品"三化"引致的产品开发机制如何创新。"体验化、融合化、热点化"已成为未来乡村旅游产品的三大特征。目前，随着人们的消费升级及个性化需求的增加，新一代旅游市场主体对旅游产品的体验性要求越来越高，更加注重旅游产品的体验感、科技感，推动乡村旅游消费模式正从过去观光式旅游过渡为度假式深度体验游，科技在旅游产品中的应用会越来越普遍，与文化的融合程度会越来越深。同时，旅游产品的迭代更新速度因科技与旅游主体个性化需求的发展而加快，体验化、融合化、热点化将成为未来乡村旅游产品的潮流。当前，中国乡村旅游项目仍存在丰富度不够、特色不足等问题，如何创新乡村旅游产品开发机制，是中国乡村旅游发展面临的又一个挑战。

三是公共服务"三化"特点导致的旅游服务机制如何创新。"数字化、智能化、标准化"已成为乡村旅游公共服务的明显特征。数字技术赋能公共服务是提升乡村旅游公共服务供给质量和效率的重要保障。2020年发布的《数字农业农村发展规划（2009—2015年）》中，明确指出要促进数字经济与农业农村经济深度融合发展。新冠疫情发生以来，网络平台线上直播带货、VR实景技术"云旅游"等新型营销方式层出不穷，数字经济在推动乡村旅游新发展上成效显著。5G时代对乡村旅游的互联互通智慧服务提出了新要求，游客希望在满足生态感官愉悦的同时增强智慧旅游体验，因此实时更新道路实况，加强停车场、应急通道等公共服务设施的智能化建设以及标准化建设势在必行。中国不少地区的乡村旅游公共服务在这方面还存在明显不足，如何创新乡村旅游公共服务机制也是中国乡村旅游发展面临的重要挑战。

（四）新机遇

一是乡村与乡村旅游发展进入新的演化阶段。在党中央的坚强领导下，乡村振兴战略深入实施，脱贫工作取得全面胜利，乡村格局和面貌已经发生且还将发生深刻变化。首先，城乡二元结构得到明显改善，城乡流动日益频繁，城市吸纳了大量乡村人口，城镇化和正在兴起的都市化塑造了新的城乡关系，城乡差距开始缩小，乡村的经济、社会、文化地位日渐提升。其次，乡村已经超越了农村的语义范畴，基础设施建设突飞猛进，人居环境明显改善，非农产业得到良好发展，对城市工商资本和中高阶层的吸引力越来越大，村民不再等同于农民。另外，随着土地制度和户籍制度的改革，乡村制度壁垒日渐消解，文化自信日益加强。在中国乡村面貌发生天翻地覆变化的进程中，乡村旅游发挥了独特而巨大的作用，被证明是推进乡村振兴的一条高效路径。

与此同时，得益于积极有力的国家政策，乡村旅游随着乡村发展而迅速广布化、多样化和高度化。时至今日，中国的乡村旅游已经进入转型升级时期，起步阶段的初级发展方式虽然依然存在，但已非主流，文旅融合、产业融合、城乡融合高歌猛进，产品升级、企业升级、产业升级速度不断加快，经济影响、社会影响、生态影响持续放大。各级政府按照新时代国家总体战略的要求和乡村发展的新使命，积极推动乡村旅游发展，并及时优化乡村旅游政策投入，这为乡村旅游的发展提供了新的机遇。

二是乡村振兴战略为乡村旅游高质量发展带来了前所未有的战略机遇。在完成脱贫攻坚、全面建成小康社会之际，2021年中央一号文件《中共中央 国务院关于全面推进乡村振兴加快农业农村现代化的意见》中要求全面推进乡村振兴、加快农业农村现代化，中国进入乡村振兴新时代。乡村振兴战略将被遮蔽的乡村价值重新凸显，国家发展话语重新回归到乡村本身，这将从根本上重构城乡关系、重新定义乡村的发展地位。在传统城镇化的背景下，乡村发展的模式一般局限在"农民进城""工业下乡"和"就地转非"。而旅游业作为一条"不离土不离乡"的新型发展道路，能够促进资本、人才、消费向乡村回流，使乡村重获发展动力，最终实现重塑乡村性、乡村在地化发展的目的（孙九霞等，2023）。党的二十大报告中强调，"全面建设社会主义现代化国家，最艰巨最繁重的任务仍然在农村"，并进一步提出"全面推进乡村振兴战略"的总体部署，这为乡村旅游的高质量、可持续发展提供了良好的政策环境。

三是乡村地区走向"旅游驱动+乡村振兴+城乡融合+共同富裕"的新型发展模式。其中，旅游驱动是乡村资源创造性开发与利用的重要途径，乡村振兴是旅游带动乡村发展的核心目标，城乡融合是持续推动旅游与城乡要素循环的关键要义，共同富裕则是乡村旅游发展的本质要求。一方面，新型发展模式能够推动旅游发展与乡村振兴、城乡融合、共同富裕三大政策目标的协同互构，实现城乡同一空间下的共同发展、在地化发展过程中缩小城乡间差距、以要素在城乡间的流动获取乡村发展动力等多种可能性，有助于全方位认识乡村与城市的关系，把握乡村与城市的共荣共生、共同发展关系，形成城乡互哺机制。另一方面，新型发展模式能够发挥旅游产业的跨边界优势，通过旅游驱动乡村各要素在主体、空间、文化间流通融合，构筑以旅游为主要力量的乡村产业体系，并在人才培养、乡村文化再认识再传承和再创造、乡村组织有效治理、乡村生态建设和资源价值共创等方面发挥独特作用。这种新型发展模式提高了乡村旅游在乡村发展中的地位，也为乡村旅游的发展创造了良好的条件。

（五）相关建议

1. 加强乡村统筹规划

如何发挥乡村旅游在乡村振兴中的产业优势，实现乡村就地高质量发展，是以乡村旅游为抓手推动"三农"现代化的关键问题。为此，要特别关注以下四个问题。

一是要以系统思维挖掘乡村综合价值。要以发现和重塑乡村价值为根本出发点，全面展示并综合利用乡村的文化价值、生态价值、产业价值、美学价值。乡村保留的老宅大院、历史遗址、美丽传说、手工技艺以及各种农耕文化、饮食文化和民俗活动，都是乡村文化价值的重要载体。原生乡土环境、村落结构以及村落周边的古树池塘、水系湿地、田园山林等共同构筑了完整的乡土生态系统。乡村出产的有机绿色农产品、林果、茶，制作精美的手工艺品，是农村产业价值的重要体现，也是乡村旅游发展的重要依托。错落有序的乡土肌理、道法自然的民居格局、山水和谐的乡村景致、精美讲究的民居建筑，都是蕴含中国传统生活艺术的美学空间。所有这些都应该被纳入统一的价值体系中加以整体规划和综合利用。

二是要以全局思维做好乡村旅游规划。在开发乡村旅游项目时要坚持规划先行，对所有乡村旅游资源，包括原生乡土环境、村落结构以及村落周边的古树池塘、水系湿地、田园山林等，进行整体规划，在资源开发建设、基础设施布局基础上，注重区域竞合与垂直分工，明确每个区域或村庄应该从事的旅游项目类型，有目的地引导形成不同层次、不同类型的多元化乡村旅游产品体系，争取抱团组合，而非单打独斗，从而推动区域乡村旅游发展水平的整体跃升。

三是要以特色理念开发乡村旅游产品。目前全国各地已经形成了包括成都的"五朵金花"、北京的"十大业态"在内的多种乡村旅游发展模式，并在不同程度上被复制和模仿。然而，乡村旅游的活力和魅力在于其特色化和个性化（宋瑞，2017）。换言之，乡村旅游发展应尊重地方个性，立足于当地特色旅游资源条件，不能简单复制或直接照搬其他地区的乡村旅游发展模式。要重视独特的地方生态环境和历史文化底蕴，依托不同区域或村庄独特的产业资源、历史文化、区位优势，开发出不同类型、不同风格的旅游产品和业态模式，实施"因村制宜"的乡村旅游发展路径，打造"一村一景、一村一品"的差异化发展格局。

四是要以融合模式创新乡村旅游业态。近年来，旅游业的融合广度和深度不断拓展，其产业关联性特征日益凸显。按照工作链、产业链、价值链"三链合一"的要求，围绕乡村旅游发展要素，通过融合发展不断催生新业态、延伸产业链、做大价值链，形成新的乡村旅游增长点和增长极。例如，乡村旅游作为发生在乡村空间的旅游形式，可以通过与农业、体育、康养、生态等诸多行业进行广泛而深入的融合，实现乡村旅游业态由单一形态向复合形态的转化，并推动形成乡村绿道、登山步道、户外体育公园、休闲露营地、房车自驾车营地、马术俱乐部、乡村主题博物馆、乡村非遗展示与体验馆、乡村美术公社、乡村音乐部落、乡村动漫基地等各种乡村旅游新业态（宋瑞，2023）。

2. 培育多元市场主体

人才是乡村旅游发展的核心要素，是实现发展全过程人民民主的重要保障。乡村旅游发展不仅要注重发挥本地农民的主体作用，也要注意激发外部人才参与乡村旅游的主动性、积极性和创造性。为此，要重点关注以下两个问题。

一方面，要注重培养乡土人才。乡村旅游发展既需要政府、企业、投资者、旅游者的共同努力，更依赖于当地人的参与状况，并决定了他们的生活环境、生活方式和生活状态。因此，乡村旅游发展的主体应该是当地人，尤其是当地农民群众。当前，缺乏高素质、专业化、富有创新意识的乡土人才，是乡村旅游发展主体性不强的主要原因。未来可加大培养力度，培养一批既懂农业生产又懂旅游服务的新型农民。既要引导农民更深入地参与甚至主导乡村旅游，通过激发农民参与乡村旅游发展的自觉意识和自主能力，提升农民自我成长、自我发展和实现自我价值的能力；也要重视乡村旅游相关知识的培训，通过与相关培训机构和院校合作，因地制宜地制定符合地方特色的人才培养方案，提升现有乡村旅游参与者的整体素质、专业知识和能力水平；还要建立多元化的保障体系，包括行政保障、师资保障、法律保障等，使乡土人才培养成为一项长期的持续性工程（李丽娟，2021）。

另一方面，要注重吸引外部人才。随着城乡交流的不断增强，不少具备城市生活经验和现代管理才能的人士回到或者来到乡村，或生活，或经营。因此，除培养乡土人才外，还可以通过不同层次的各类"人才计划"吸引外部人才到乡村就业创业等，从而引入新鲜血液拓展乡村旅游主体。一是要吸引乡贤返乡，牢牢抓住返乡高素质人才的"地方依恋"特性，引导和支持返乡农民工、大学生通过开展乡村旅游实现自主就业创业；二是要吸引人才下乡，通过专业志愿支援、挂职锻炼、人才输送、对口帮扶等方式吸引专业型旅游经营管理人才，满足不同地区乡村旅游发展的实际需要。另外，要充分利用好"新乡贤""新村民"等的示范引领作用，更好地发挥其在乡村旅游发展中的带动作用。不管是从乡村走出去、现已退休的党政干部、教师，还是在改革开放中进入城市而后又回乡创业的中青年，或者农村发展中涌现出的具有公共服务精神和能力的新一代村民，以及因热爱中国乡村环境和生活状态而前来投资的外国人，均可视作"新乡贤"或"新村民"。在商业才能和经济价值之外，需要更好地发挥他们在乡村振兴中的综合作用，促进其与乡村社会结构的有机融合。

3. 弘扬特色乡土文化

如何全面活化和广泛传承乡土文化，使乡村旅游获得持久生命力，是以乡村旅游为抓手丰富人民精神世界的重要内容。为此，有必要对乡土文化进行再认识、再传承和再创造，并特别关注以下三个问题。

一要系统性挖掘乡土文化。乡村地区保存有最丰富的、最完整的传统文化，因此有必要在政府引领、市场推动、村民与社会参与的共同作用下，对乡土文化进行主题式、系统化的挖掘与重构，将更多的乡土文化符号纳入乡村旅游吸引物的开发范畴，为乡村旅游发展奠定构筑坚实的文化资源基础。例如，实施"乡村记忆"工程，挖掘不同乡村独有的风俗、礼仪、饮食、服饰、建筑、戏曲、手工制作等传统文化遗产；实施"非遗入户、文化活动入场、文化产品入展、文化符号上墙、传统礼仪进家、文化景观进村"等一系列传统文化回归计划，从"眼、耳、鼻、舌、身、意"全方位打造乡村传统文化感知体验系统。

二要创造性转化乡土文化。旅游活化是乡土文化保护与传承的有效途径，通过将特色乡土文化融入旅游发展规划，在乡村旅游发展过程中持续激活乡土文化生命力。具体来讲，在系统梳理、整合、追忆乡土文化的基础上，旅游开发者运用善于发现的眼光和精于转化的能力，实现对乡土文化的活化利用。例如，实施乡村非物质文化遗产传承发展工程，推动乡村传统民俗文化活动的活化与常态化演出；打造乡情展览馆、乡村遗产活态博物馆、农业文化公园等，全景展示乡村的历史文脉和民风民俗，强化村民和游客对优秀传统文化的认同感，使乡土文化在新时代重新焕发光彩。

三要创新性发展乡土文化。乡土文化是中华民族几千年来得以繁衍发展的精神寄托和智慧结晶。乡村旅游作为乡土文化的重要载体，有必要以农业生产、农民生活、农村风貌为基础，在充分尊重传统乡土文化的前提下，结合新的时代特点、现实课题和民众需求，创作一批充满艺术创造力、想象力和感染力的乡村文化旅游产品，为今天所用，为现实所用。例如，依托于当地的农副产品、土特产，通过文化创意等新生产方式或艺术手段，打造一系列包含非物质文化遗产、IP 衍生品、主题文化衍生品等在内的特色文创产品，对乡土文化的内涵加以补充、拓展、完善，从而让乡土文化在中国式现代化进程中焕发时代价值。

4. 保障村民合法权益

乡村旅游发展必须重视村民权益，确立科学合理的收益分配机制，充分保障村民公平享受乡村旅游发展效益的权利，避免削弱农民或其他利益相关者参与乡村旅游的积极性。为此，要关注以下两个方面的问题。

一是要以内源式发展实现福利本地化。乡村首先是当地人的生产空间和生活空间，其次才是投资空间和消费空间。乡村旅游发展中，不能仅仅从投资价值、消费场所、市场价值来看待乡村，而应该从促进乡村全面发展的角度进行系统的、社会性的规划，最大限度地实现当地人的参与和受益。外来主体和资本合理的、恰当的投入、参与不可或缺，但要避免反客为主，避免形成城市对农村新的掠夺（宋瑞，2017）。因此，乡村旅游要以乡村内源式发展为根本，同时借助外部资源的力量，在内外部资源的共同作用下，推动乡村地域自然、社会、文化特征有机地嵌入乡村地区。例如，通过现代家庭农场、现代农业产业园、生态农家乐、农业高科技示范园等形式将乡村旅游资源的经营权、管理权、使用权进行内生保留，在乡村旅游产品与地方生产要素、生产活动、生产主体之间建立深度联系（明庆忠等，2023）。通过将地方资源创造的价值再次分配给地方，最终实现发展过程、发展选择和发展红利等最大化地落实到本地。另外，要壮大新型农村集体经济，营造发展集体经济的整体氛围，为其提供必要的政策支持和制度保障，提高村干部开拓创新能力，扩大村集体经济来源，规范村集体资产的管理，避免散沙式发展，争取在外来资本与村社资源动态博弈的过程中为乡村旅游发展提供有力而持续的保障。

二是要以共享式发展实现收益均衡化。旅游发展涉及政府、企业、个人等各类利益相关者，而在每一类利益相关者中又可进一步细分。例如，政府涉及县乡镇等不同层级和不同部门；企业包括当地和外来的各类投资商、规模不一的经营者以及旅游小企业、家庭作坊；个人既包括土生土长的当地人，也包括外来的"新农人""新村民"，当地人则包括参与和不参与旅游发展的老百姓和村干部。因此，有必要通过制度性和非制度性的安排，实现所有利益相关者共生共建共享共赢。一方面，要完善乡村旅游开发利益补偿机制，在落实征地补偿政策的前提下，将农村土地要素等乡村旅游资源公平合理地量化至乡村居民，并形成公平有效的"资源变资产"的量化机制，切实保障村民得到应得的利益补偿。另一方面，要完善乡村旅游开发利益分配机制，在政府部门的有效干预下，确保在资金、知识、信息、社会资源、综合实力等方面处于不同水平的村民，拥有共同参与、公平受益和同步发展的机会，并改善乡村旅游合作社或乡村旅游企业内部的增值收益分配制度，切实扩大乡村旅游的民生覆盖面并维持利益分配的公平性和均衡性。

5. 改善乡村生态环境

良好的乡村生态环境是乡村旅游产业发展的基础。乡村旅游要兼顾乡村经济效益和生态效益，既不能"竭泽而渔"，以牺牲乡村生态环境为代价而追求经济效益，也不能"缘木求鱼"，以强调生态环境保护为借口而舍弃乡村发展（宋瑞、刘倩倩，2024）。为此，要特别关注以下三个问题。

一是要制定乡村生态环境专项保护规划。一方面，要建立完善的环境评估体制，借鉴并运用国际先进的生态旅游发展方法和理念，组织相关专家、学者对乡村辖区内的土地、水质、气候、生物等重要自然资源和经济发展、历史景观、村落建筑、传统文化等人文资源进行全面深入的调查和专业严谨的评估，从而确定合理的乡村旅游资源承载力和环境容量。另一方面，要统筹山水田林湖草沙系统治理，并制定科学的乡村生态环境保护指标体系，严守乡村生态保护红线、生态质量底线和资源利用上线的基本原则，在保护与改善的基础上，以可持续发展的理念指导乡村将资源优势转化为经济优势。

二是要加强乡村生态环境保护技术应用。发展乡村旅游不能走"先污染、后治理"的老路，有必要建立绿色发展机制，实施绿色开发和绿色管理。以智慧监测技术为支撑，通过技术创新深化精益服务，既要加强对乡村水土、大气等资源的监督和保护，又要科学测定乡村旅游的社会环境容量和生态环境容量，并严格监测控制旅游设施建设和游客流量。以环保技术创新为基础,加强环保技术在乡村的应用推广,深入推进农村生活垃圾和污水处理。例如,组织力量进行垃圾回收、分类和处理,建设污水处理中心和完善的污水处理管网系统,全面展开改电、改灶、改厕等工作。

三是要完善乡村生态环境保护管理体制。首先,要改革现有生态环境保护管理体制,结合当前乡村旅游发展中遇到的新问题新挑战,修改并完善乡村生态环境保护的法律法规以及地方性环境保护条例,为乡村绿色发展提供制度保障。其次,要培育、建立并健全乡村旅游的生态产品市场交易体系,如建立生态资源市场、构建价值评估核算机制和市场交易机制等,促进生态资源向生态资产转化。最后,依托乡村旅游收入构建环境财政体系,并加大乡村生态环保的财政投入力度,对乡村环境进行专项治理。

6. 构建现代治理体系

乡村治理是国家治理的基石,也是全面推进乡村振兴战略的重要环节。乡村旅游作为兼容生产生活生态、融通工农城乡的综合性产业,在构建现代化的乡村治理体系中具有重要作用。未来应关注以下三个方面的问题。

一是要建立乡村旅游管理体制机制。研究出台促进乡村旅游高质量发展的意见与实施方案,建立党政齐抓共管、部门紧密协同的体制机制,将乡村旅游高质量发展任务纳入各级党委政府、各有关行政管理部门年度考核,形成强大的部门合力,协同推进乡村旅游高质量发展。建立多部门联席会议制度,实现包括国土、农业、发改、财政、旅游、文化等部门的"多规合一"。建立乡村旅游统计、监测和评估制度,加强对乡村旅游经济运行、生态环境保护和旅游安全等的监管。深化"最多跑一次"改革,营造促进乡村旅游高质量发展的良好环境。依法依规探索党组织领导、企业化经营、社区参与、老百姓受惠、游客满意的乡村旅游运营管理模式、体制和机制。

二是要构建乡村旅游社会治理格局。乡村治理模式包括政府主导型、地方精英推动型、社区主导式和多元共治型等治理模式。其中，多元共治型治理模式指乡村的治理不再局限于政府治理或民间治理等单一模式，形成了如政府和村民的共治、政府和企业的共治、第三方组织和村民的共治等多种形式。党的十九届四中全会提出，要坚持和完善共建共治共享的社会治理制度，保持社会稳定，维护国家安全。乡村旅游发展的目的是实现生活富裕、产业兴旺，并使人人参与其中，人人尽力贡献，人人享有成果。因此，在乡村旅游发展过程中，应坚持共建共治共享原则。

三是要形成现代乡村旅游治理体系。坚定不移走中国特色社会主义乡村旅游善治之路，实施乡风文明培育行动，推动乡村旅游数字化变革，提升乡村旅游智慧化水平。建设充满活力、和谐有序的乡村社会。建立健全党委领导、政府负责、社会协同、公众参与、行业自律、法治保障、科技支撑的现代乡村旅游治理体制，从单个部门治理向联合治理和全社会共同治理转变。以自治增活力、以法治强保障、以德治扬正气，形成党组织领导的自治、法治和德治相结合的现代乡村旅游治理体系。围绕乡村居民的切身利益，让发展成果惠及更多的村民，使其在乡村旅游发展过程中彰显其自身的功能和作用，不断增强村民的获得感、幸福感和安全感。

7. 优化乡村营商环境

营商环境是经济发展的重要条件，良好的乡村营商环境将为乡村旅游的健康发展提供保障。未来有必要围绕困扰乡村旅游发展的用地、资金、设施等关键问题，研究出台支持乡村旅游发展的意见和建议，营造优良的乡村旅游营商环境。

一是要加强用地保障。一方面，要发挥国土空间规划对乡村旅游项目用地的引领作用，为乡村旅游发展留足空间。可根据市场容量、农民意愿、文化传承、生态保护及可达性等，结合国家主体功能区规划要求，有序推进乡村旅游业的发展。另一方面，可以大力开展土地综合整治，盘活乡村闲置宅基地、废弃地、生产与村庄建设复合用地，实施乡村地区旅游发展"点状供地"政策，根据规划用地性质和土地用途灵活点状供应。

二是要拓展融资渠道。一方面，确保公共财政更大力度支持乡村旅游发展。例如，完善财政金融支持乡村旅游发展机制，运用政府性投资基金、政策性担保等方式，引导撬动金融资本、社会资本更多投向乡村旅游及其相关产业；推动融资畅通工程向乡村覆盖，拓展乡村民宿、农家乐、旅游商品生产加工项目、乡村创客基地等领域的抵押贷款渠道。另一方面，探索乡村旅游发展的多元化投融资机制。

三是完善基础设施建设。加快交通干道、重点景区到乡村旅游目的地道路建设，提高乡村旅游进入的通达性和便捷性。鼓励具备交通条件、游客相对聚集的乡村旅游点与城市之间开通旅游公交专线，方便城市居民和游客点到点旅游休闲。引导自驾车营地、民宿向特色村镇延伸布点。结合旅游景区、旅游点的不同实际，因地制宜进行旅游厕所改造升级，注重与周边和整体环境协调，体现文化特色，坚持卫生实用。建立乡村旅游咨询服务体系，在有条件、游客数量较大的乡村旅游点建设游客咨询服务中心，完善餐饮住宿、休闲娱乐、户外运动、商品购物、文化展演、民俗体验等配套服务，促进乡村旅游便利化。加快推动乡村旅游信息平台建设，完善网上预订、支付、推介等功能，推动乡村旅游智慧化。

8. 加强相关政策扶持

乡村旅游既具有复合性，又具有针对性。鉴于乡村旅游在国民经济和社会发展中的重要地位，以及乡村旅游自身所处的转型升级阶段，未来在制定乡村旅游政策时可考虑从以下几类政策着力。

一是整体保护利用型乡村旅游扶持政策。第一，设国家级和省级两个级别，从独特性、典型性、代表性和文化价值性等方面入手制定标准，遴选出一批国家级和省级整体保护利用乡村，参照文化遗产地保护利用办法予以管理运营。第二，国家级整体保护利用型乡村的遴选宜精不宜多，基本经费由中央财政承担，日常管理由乡村所在地县级政府负责，实施特许旅游经营制度。第三，省级整体保护利用型乡村的遴选数量由各省视省情而定，基本经费由省级财政承担，日常管理由乡村所在地县级政府负责，保护与利用方案需经国家主管部门审查批准。第四，对整体保护利用型乡村的村级组织改造予以引导和指导，使之能够适应文化遗产地保护利用的统一要求，能够有效约束乡村生产、生活行为。第五，确保整体保护利用型乡村居民的综合收入水平高于所在地区的平均水平，以实现可持续发展。

二是休闲农业带动型乡村旅游扶持政策。第一，破除土地流转障碍，鼓励农地集约利用，推动农业规模化经营，支持特色农业开发。第二，通过技术扶持和金融支持手段，加快乡村新六产的发展，尤其要突出农副产品深加工、乡村电商、乡村文创产业化。第三，鼓励内生型乡村旅游发展模式，优先扶持农民专业合作社经营主体，适当抬高城市资本进入的门槛。第四，适当放宽旅游配套用地比例指标，给经营主体提供足够的自主权，从而适应休闲旅游开发对体验性、灵活性和品质性的要求。第五，鼓励引导休闲农业与生态旅游、民俗旅游、中小学生研学旅游等旅游形式的耦合发展。

三是工商资本驱动型乡村旅游扶持政策。针对该类型的政策制定与实施，核心诉求在于建构涵盖投资商、乡村社区和当地政府三个主体的开发经营制度体系。第一，要明确支持工商资本下乡参与乡村旅游开发的政策演进方向，但同时必须对城市资本的进入予以严格的技术审查，包括公司实力、投资计划、风险管控方案等，避免出现"搭便车"的机会主义现象。第二，实施保证金制度，开发标准合同文本，最大限度地明确和落实投资商的社会责任。第三，实行严格的契约管理，在保护乡村社区利益的前提下，保证投资商的权利，给资本提供足够的盈利空间。第四，大力支持所在乡村的村集体组织建设，使之获得代表村民参与决策、参与监管、参与分配的能力。第五，激励当地政府部门主动承担乡村基础设施建设、公共服务供给、外部性管控和社会稳定管理等职能。

四是城镇化带动型乡村旅游扶持政策。第一，分类激励。将城镇化带动型进一步分为旅游驱动的城镇化（旅游特色小镇）和城镇景区化两类。旅游驱动的城镇化是建立在市场基础上的供给侧结构性改革，旅游市场的规模与结构决定城镇化的规模与结构，只要不偏离市场方向，所有的政策激励都是合理的。城镇景区化则具有目标导向特征，属于产品先行的旅游市场促销，因此首先需要进行可行性分析，然后才能考虑政策扶持问题。第二，分段扶持。对于旅游特色小镇，起步阶段需要特别的政策扶持。进入成长阶段后，主要依靠市场来调节。对于其他产业支撑的特色小镇，必然要走依托特色产业发展旅游的道路，政策支持适合发力于小镇产业体系相对成熟、需要旅游锦上添花的阶段。

五是都市区再造型乡村旅游扶持政策。第一，都市区再造型乡村是一个具有前瞻性的分类结果，能把其列为乡村旅游扶持政策的典型类型之一，也就意味着乡村旅游政策的类型化演进取得了重大突破。第二，在此类乡村，居民生计多样化，传统乡村组织式微，聚落形态更改，社区管理的重点是逐步建构城市社区模式，压缩过渡期的时长，从而保障居民全面享有市民的权益。第三，在此类乡村，农地被视为城市绿带予以保留，农业生产转向都市农业形态，重在发挥休闲体验功能。农业经营具有公司化、农场化、科技化、复合化特征。第四，在维护低密度开发的前提下，文化创意产业、教育产业、科技研发产业等轻型产业会涌入，从而改变人口结构、丰富田园城市景观。第五，相关政策设计要着眼于未来发展，结合国家都市区发展战略和相应的制度创新，以激发城市政府的规划能力和治理能力为要旨。

总之，乡村是一个复杂的综合体，乡村旅游发展也是综合性和渐进性的。在乡村旅游发展过程中，我们需要既着眼长远目标，又立足当前实际，既寻求发展规律，又尊重地方个性。正如习近平总书记指出的，"实施乡村振兴战略是一篇大文章，要统筹谋划，科学推进"。在此过程中，我们要充分尊重乡村发展演进规律，按照产业兴旺、生态宜居、乡风文明、治理有效、生活富裕的总要求，走中国特色社会主义乡村旅游发展道路。

主要参考文献

邓小平，1983，《邓小平文选》第二卷，人民出版社。

邓小平，1993，《邓小平文选》第三卷，人民出版社。

江泽民，2006，《江泽民文选》第一卷，人民出版社。

胡锦涛，2016，《胡锦涛文选》第二卷，人民出版社。

习近平，2018，《习近平谈治国理政》，外文出版社。

习近平，2021，《在庆祝中国共产党成立100周年大会上的讲话》，人民出版社。

习近平，2022，《论"三农"工作》，中央文献出版社。

保继刚、甘萌雨，2004，《改革开放以来中国城市旅游目的地地位变化及因素分析》，《地理科学》第3期。

蔡定昆、许小帆，2024，《乡村旅游提高农村居民幸福感了吗？——基于海南省博纵村微观数据》，《海南大学学报》（人文社会科学版）第6期。

蔡晶晶、吴希，2018，《乡村旅游对农户生计脆弱性影响评价——基于社会—生态耦合分析视角》，《农业现代化研究》第4期。

蔡克信、杨红、马作珍莫，2018，《乡村旅游：实现乡村振兴战略的一种路径选择》，《农村经济》第9期。

陈佳、张丽琼、杨新军等，2017，《乡村旅游开发对农户生计和社区旅游效应的影响——旅游开发模式视角的案例实证》，《地理研究》第9期。

陈秋华、纪金雄，2016，《乡村旅游精准扶贫实现路径研究》，《福建论坛》（人文社会科学版）第 5 期。

陈泉，2015，《国外乡村旅游发展经验及启示》，《淮海工学院学报》（人文社会科学版）第 3 期。

陈志永、李乐京、梁玉华，2007，《乡村居民参与旅游发展的多维价值及完善建议——以贵州安顺天龙屯堡文化村为个案研究》，《旅游学刊》第 7 期。

崔晓明、陈佳、杨新军，2017，《乡村旅游影响下的农户可持续生计研究——以秦巴山区安康市为例》，《山地学报》第 1 期。

代人杰，2023，《郑州市新农休闲农业观光园规划设计》，硕士学位论文，河南农业大学。

单新萍、魏小安，2008，《乡村旅游发展的公共属性、政府责任与财政支持研究》，《经济与管理研究》第 2 期。

邓爱民、龙安娜，2021，《乡村旅游可持续发展路径创新与政策协同研究》，中国旅游出版社。

刁志波，2014，《黑龙江乡村旅游发展与创新研究》，旅游教育出版社。

丁晓燕、孔静芬，2019，《乡村旅游发展的国际经验及启示》，《经济纵横》第 4 期。

董文静、王昌森、张震，2020，《山东省乡村振兴与乡村旅游时空耦合研究》，《地理科学》第 4 期。

杜江、向萍，1999，《关于乡村旅游可持续发展的思考》，《旅游学刊》第 1 期。

杜宗斌、苏勤，2011，《乡村旅游的社区参与、居民旅游影响感知与社区归属感的关系研究——以浙江安吉乡村旅游地为例》，《旅游学刊》第 11 期。

冯娟、谭辉丽、吕绛荣等，2020，《武汉市城郊乡村旅游地的类型划分及时空分布特征研究》，《长江流域资源与环境》第 11 期。

耿满国等，2024，《中国乡村旅游地的空间分布特征及影响因素》，《世界地理研究》第 2 期。

古红梅，2012，《乡村旅游发展与构建农村居民利益分享机制研究——以北京市海淀区西北部地区旅游业发展为例》，《旅游学刊》第 1 期。

郭焕成、韩非，2010，《中国乡村旅游发展综述》，《地理科学进展》第 12 期。

郭倩倩、胡善风、朱红兵，2013，《基于计划行为理论的乡村旅游意向研究》，《华东经济管理》第 12 期。

国家发改委"欧洲城市化与小城镇管理"考察团，2003，《欧洲三国城市化与小城镇管理》，《经济研究参考》第 74 期。

何景明、李立华，2002，《关于"乡村旅游"概念的探讨》，《西南师范大学学报》（人文社会科学版）第 5 期。

贺爱琳、杨新军、陈佳等，2014，《乡村旅游发展对农户生计的影响——以秦岭北麓乡村旅游地为例》，《经济地理》第 12 期。

胡绿俊、文军，2009，《乡村旅游者旅游动机研究》，《商业研究》第 2 期。

胡文海，2008，《基于利益相关者的乡村旅游开发研究——以安徽省池州市为例》，《农业经济问题》第 7 期。

黄洁，2003，《从"乡土情结"角度谈乡村旅游开发》，《思想战线》第 5 期。

黄永林、任正，2023，《非物质文化遗产赋能乡村文化振兴的内在逻辑与实现路径》，《云南师范大学学报》（哲学社会科学版）第 2 期。

黄震方、张圆刚、贾文通等，2021，《中国乡村旅游研究历程与新时代发展趋向》，《自然资源学报》第 10 期。

贾未寰、符刚，2020，《乡村旅游助推新时代乡村振兴：机理、模式及对策》，《农村经济》第 3 期。

孔祥智、钟真、原梅生，2008，《乡村旅游业对农户生计的影响分析——以山西三个景区为例》，《经济问题》第 1 期。

李慧，2012，《美国发展乡村旅游的经验及其对中国的启示》，《科技广场》第 11 期。

李丽娟，2021，《乡村旅游中"乡土性"的传承与保护》，《社会科学家》第 5 期。

李麒麟，2020，《英国科茨沃尔德特色田园乡村的建设经验》，《价值工程》第 8 期。

李巧玲，2016，《基于自然景观背景的乡村旅游发展模式、问题及对策探析》，《中国农业资源与区划》第 9 期。

李伟，2002，《论乡村旅游的文化特性》，《思想战线》第 6 期。

李燕琴、施佳伟、罗湘阳，2023，《乡村旅游社区居民主观幸福感变迁机理——聚焦发展期到巩固期的幸福拐点》，《地理科学进展》第 8 期。

李志龙，2019，《乡村振兴—乡村旅游系统耦合机制与协调发展研究——以湖南凤凰县为例》，《地理研究》第 3 期。

李宗利，2019，《湖南张家界探索乡村旅游扶贫》，《中国国情国力》第 2 期。

林刚、石培基，2006，《关于乡村旅游概念的认识——基于对 20 个乡村旅游概念的定量分析》，《开发研究》第 6 期。

林锦屏、周鸿、何云红，2005，《纳西东巴民族文化传统传承与乡村旅游发展研究——以云南丽江三元村乡村旅游开发为例》，《人文地理》第 5 期。

凌丽君，2015，《美国乡村旅游发展研究》，《世界农业》第 10 期。

刘承良、吕军，2006，《中外乡村旅游地开发研究比较分析——兼论中国乡村旅游地开发的问题与对策》，《湖北大学学报》（自然科学版）第 1 期。

刘德谦，2006，《关于乡村旅游、农业旅游与民俗旅游的几点辨析》,《旅游学刊》第 3 期。

刘玲、马亚军、高梦飞,2023,《乡村振兴战略下乡村旅游产业政策注意力分布研究——基于 2017—2021 年的政策文本分析》,《信阳师范学院学报》(哲学社会科学版)第 3 期。

刘宁宁,2017,《国际乡村旅游创新发展经验对我国的启示》,《农业经济》第 3 期。

刘涛、徐福英,2010,《新农村建设中乡村旅游可持续发展动力研究》,《安徽农业科学》第 4 期。

卢小丽、刘伟伟、王立伟,2017,《乡村旅游内涵标准识别及其比较研究——对中外 50 个乡村旅游概念的定量分析》,《资源开发与市场》第 6 期。

陆林等,2019,《乡村旅游引导乡村振兴的研究框架与展望》,《地理研究》第 1 期。

马静、舒伯阳,2020,《中国乡村旅游 30 年:政策取向、反思及优化》,《现代经济探讨》第 4 期。

马勇、李玺主编,2018,《旅游规划与开发》(第 4 版),高等教育出版社。

毛勇,2009,《乡村旅游产品体系与开发》,《中南民族大学学报》(人文社会科学版)第 2 期。

孟秋莉、邓爱民,2016,《全域旅游视阈下乡村旅游产品体系构建》,《社会科学家》第 10 期。

明庆忠等,2023,《共同富裕目标下中国乡村旅游资源的理论认知与应用创新》,《自然资源学报》第 2 期。

潘秋玲,1999,《现阶段我国乡村旅游产品的供需特征及开发》,《地域研究与开发》第 2 期。

庞艳华,2019,《河南省乡村旅游与乡村振兴耦合关联分析》,《中国农业资源与区划》第 11 期。

任世国,2015,《我国乡村旅游可持续发展中存在的问题及对策分析》,《农业经济》第 9 期。

盛帅帅，2022，《21世纪以来中国乡村文化产业发展研究》，博士学位论文，山东师范大学。

石金莲、崔越、黄先开，2015，《美国乡村旅游发展经验对北京的启示》，《中国农业大学学报》第5期。

时朋飞等，2023，《四生空间视角下乡村旅游高质量发展的测度与驱动机制研究——基于长江经济带11省市的实证检验》，《资源开发与市场》第10期。

舒伯阳、蒋月华、刘娟，2022，《新时代乡村旅游高质量发展的理论思考及实践路径》，《华中师范大学学报》（自然科学版）第1期。

舒伯阳、马静，2019，《中国乡村旅游政策体系的演进历程及趋势研究——基于30年数据的实证分析》，《农业经济问题》第11期。

宋瑞，2017，《乡村复兴视角下的乡村旅游》，《中国发展观察》第15期。

宋瑞，2018，《旅游助力乡村振兴需要关注五个问题》，《中国旅游报》9月24日第1版。

宋瑞，2023，《乡村旅游与产业融合，探索新模式新业态》，《新型城镇化》第5期。

宋瑞、刘倩倩，2023，《中国式现代化进程中的旅游发展：意义、挑战与路径》，《旅游论坛》第1期。

宋瑞、刘倩倩，2024，《中国式现代化背景下的乡村旅游：功能、短板与优化路径》，《华中师范大学学报》（自然科学版）第1期。

宋瑞、宋昌耀、胥英伟，2024，《中国式现代化背景下文化和旅游融合发展的五重逻辑与重要议题》，《旅游学刊》第1期。

苏飞、王中华，2020，《乡村振兴视域下的中国乡村旅游——发展模式、动力机制与国际经验借鉴》，《世界农业》第2期。

粟路军、黄福才，2010，《服务公平性对顾客忠诚的影响机制研究》，《山西财经大学学报》第 7 期。

孙九霞，2006，《守土与乡村社区旅游参与——农民在社区旅游中的参与状态及成因》，《思想战线》第 5 期。

孙九霞等，2023，《共同富裕目标下乡村旅游资源创造性传承与开发》，《自然资源学报》第 2 期。

唐黎、刘茜，2014，《基于 AHP 的乡村旅游资源评价——以福建长泰山重村为例》，《中南林业科技大学学报》第 11 期。

王兵，1999，《从中外乡村旅游的现状对比看我国乡村旅游的未来》，《旅游学刊》第 2 期。

王德刚、孙平，2021，《农民股份制新型集体经济模式研究——基于乡村旅游典型案例的剖析》，《山东大学学报》（哲学社会科学版）第 1 期。

王慧，2017，《旅游扶贫背景下乡村旅游开发模式的研究》，《中国农业资源与区划》第 3 期。

王金伟、吴志才主编，2023，《乡村旅游绿皮书：中国乡村旅游发展报告（2022）》，社会科学文献出版社。

王丽芳，2018，《山西省农业与旅游业融合的动力机制与发展路径》，《农业技术经济》第 4 期。

王庆生、张行发、郭静，2019，《基于共生理论的乡村旅游精准扶贫模式和路径优化研究——以山东省沂南县竹泉村为例》，《地域研究与开发》第 3 期。

王蓉等，2019，《基于网络游记的婺源县乡村旅游体验研究》，《资源科学》第 2 期。

王素洁、李想，2011，《基于社会网络视角的可持续乡村旅游决策探究——以山东省潍坊市杨家埠村为例》，《中国农村经济》第 3 期。

王新同，2018，《如诗如梦库姆堡：英国最美村庄》，《上海企业》第 2 期。

王瑛，2011，《城乡统筹下的乡村旅游发展政府作为研究》，《改革与战略》第 2 期。

王莹、许晓晓，2015，《社区视角下乡村旅游发展的影响因子——基于杭州的调研》，《经济地理》第 3 期。

韦俊峰、何瀚林、明庆忠，2019，《中国休闲农业和乡村旅游政策的演进特征（2001—2018）——基于政策文本量化分析》，《社会科学家》第 3 期。

文枚、张连刚、陈天庆，2021，《乡村旅游发展顶层设计：政策演变与展望——基于 2004—2020 年"中央一号文件"的政策回顾》，《中南林业科技大学学报》（社会科学版）第 6 期。

吴必虎，2016，《基于乡村旅游的传统村落保护与活化》，《社会科学家》第 2 期。

吴静，2021，《基于新田园主义下的传统村落保护与更新规划研究》，硕士学位论文，河南农业大学。

席建超、张楠，2016，《乡村旅游聚落农户生计模式演化研究——野三坡旅游区苟各庄村案例实证》，《旅游学刊》第 7 期。

肖佑兴、明庆忠、李松志，2001，《论乡村旅游的概念和类型》，《旅游科学》第 3 期。

谢珈、马晋文、朱莉，2019，《乡村振兴背景下我国乡村文化旅游高质量发展的思考》，《企业经济》第 11 期。

谢志华、吴必虎，2008，《中国资源型景区旅游空间结构研究》，《地理科学》第 6 期。

熊凯，1999，《乡村意象与乡村旅游开发刍议》，《地域研究与开发》第 3 期。

徐虹、朱伟主编，2019，《乡村旅游创意开发》，中国农业大学出版社。

徐向梅，2022，《扎实推进农民农村共同富裕》，《经济日报》6 月 8 日第 11 版。

徐英、车静怡、乌铁红，2023，《乡村旅游地居民幸福感及其形成机制研究——一个质的分析》,《干旱区资源与环境》第 10 期。

许黎、曹诗图、柳德才,2017,《乡村旅游开发与生态文明建设融合发展探讨》,《地理与地理信息科学》第 6 期。

杨丽君,2014,《英国乡村旅游发展的原因、特征及启示》,《世界农业》第 7 期。

杨旭,1992,《开发"乡村旅游"势在必行》,《旅游学刊》第 2 期。

杨瑜婷、何建佳、刘举胜,2018,《"乡村振兴战略"背景下乡村旅游资源开发路径演化研究——基于演化博弈的视角》,《企业经济》第 1 期。

姚旻、赵爱梅、宁志中,2021,《中国乡村旅游政策:基本特征、热点演变与"十四五"展望》,《中国农村经济》第 5 期。

叶红,2007,《乡村旅游发展的动力机制研究——以成都市乡村旅游发展为例》,《农村经济》第 10 期。

叶小青、朱跃波,2020,《乡村振兴背景下旅游社区居民生活质量感知实证研究》,《湖北社会科学》第 12 期。

银元,2023,《乡村旅游数字化发展:动力机制、逻辑维度与矛盾纾解》,《西安财经大学学报》第 1 期。

尹燕、周应恒,2013,《不同旅游地乡村旅游者体验满意度实证研究》,《南京社会科学》第 9 期。

尹占娥、殷杰、许世远,2007,《上海乡村旅游资源定量评价研究》,《旅游学刊》第 8 期。

尹振华,2004,《开发我国乡村旅游的新思路》,《旅游学刊》第 5 期。

尤海涛、马波、陈磊,2012,《乡村旅游的本质回归:乡村性的认知与保护》,《中国人口·资源与环境》第 9 期。

余润哲等,2022,《动机视角下乡村旅游者主观幸福感的驱动机制研究——以皖南传统古村落为例》,《旅游科学》第 6 期。

余润哲等,2022,《怀旧情感下乡村旅游者的主观幸福感与游憩行为意向的影响》,《旅游学刊》第 7 期。

张春琳,2012,《乡村旅游游客满意度及再次游览意向影响因素研究——来自贵州省西江千户苗寨的经验证据》,《农业经济问题》第 1 期。

张洪,2008,《我国乡村旅游发展中的政府职能定位》,《经济管理》第 17 期。

张军爱,2023,《乡村振兴背景下乡村旅游农民专业合作化发展的路径研究》,《安徽农业科学》第 1 期。

张言庆、马波,2023,《新型集体化乡村旅游:内在逻辑、现实困境与实践路径》,《东方论坛》第 1 期。

张艳、张勇,2007,《乡村文化与乡村旅游开发》,《经济地理》第 3 期。

张圆刚等,2017,《基于 TPB 和 TSR 模型构建的乡村旅游者行为意向研究》,《地理研究》第 9 期。

张祖群、林姗,2011,《首都城乡建设的文化品位与中国特色社会主义先进文化之都建设——基于北京乡村旅游八种新业态的分析》,《中国软科学》第 S2 期。

赵爱民等,2016,《日本乡村旅游品牌发展路径及启示》,《世界农业》第 5 期。

赵承华,2018,《乡村旅游可持续发展问题分析及路径选择》,《农业经济》第 4 期。

赵华、于静,2015,《新常态下乡村旅游与文化创意产业融合发展研究》,《经济问题》第 4 期。

赵紫伶、于立、陆琦,2018,《英国乡村建筑及村落环境保护研究——科茨沃尔德案例探讨》,《建筑学报》第 7 期。

郑群明、钟林生,2004,《参与式乡村旅游开发模式探讨》,《旅游学刊》第 4 期。

周玲强、黄祖辉，2004，《我国乡村旅游可持续发展问题与对策研究》，《经济地理》第4期。

周民良，2014，《推动精准扶贫开发的丹凤样本》，《中国发展观察》第9期。

周燕，2019，《我国乡村旅游发展的政策回顾与趋势前瞻——基于2004年以来国家层面政策文本分析》，《云南行政学院学报》第4期。

周杨、何军红、荣浩，2016，《我国乡村旅游中的游客满意度评估及影响因素分析》，《经济管理》第7期。

周永广、姜佳将、王晓平，2009，《基于社区主导的乡村旅游内生式开发模式研究》，《旅游科学》第4期。

朱令，2020，《南通市通州区乡村旅游发展现状分析及对策建议》，硕士学位论文，苏州大学。

朱学同等，2020，《生态文明视阈下乡村旅游者环境责任行为研究》，《中国农业资源与区划》第2期。

邹统钎，2005，《中国乡村旅游发展模式研究——成都农家乐与北京民俗村的比较与对策分析》，《旅游学刊》第3期。

Knight, J., 1996, "Competing Hospitalities in Japanese Rural Tourism", *Annals of Tourism Research*, Vol. 23, No. 1.

宋瑞，中国社会科学院旅游研究中心主任，中国社会科学院财经战略研究院研究员、博士生导师，文化和旅游部"十四五"规划专家委员会委员，国家社科基金重大项目首席专家，文化和旅游部研究基地首席专家，《旅游学刊》《旅游管理》等期刊编委，长期担任《中国旅游绿皮书》《中国休闲绿皮书》主编，从事旅游产业、可持续发展和休闲研究。

近年来主持国家社科基金3项、国家社科基金重大项目子课题2项，以及中央宣传部、国家发改委、中国社会科学院、文化和旅游部、世界旅游城市联合会等机构委托的课题20余项，先后在瑞典哥德堡大学、美国宾夕法尼亚州立大学从事访问学者，在《财贸经济》《旅游学刊》及 Journal of Sustainable Tourism 等发表大量学术文章，出版专著译著近20本。

刘倩倩，中国社会科学院大学管理学博士，山东师范大学商学院讲师、硕士生导师，主要研究方向为入境旅游、旅游经济。近年来，在《旅游学刊》等刊物发表各类学术论文十余篇，部分成果被人大复印报刊资料《旅游管理》全文转载，参与撰写并出版《全球旅游业的新挑战与新变革》等多部著作，主持文化和旅游宏观决策课题1项、山东省文化和旅游研究课题1项。长期担任《世界旅游经济趋势报告》编委、《中国入境旅游发展年度报告》编写组成员。作为主要参与人，参与国家社科基金重大项目2项、一般项目2项，参与中国社会科学院、中国旅游研究院及国际机构委托项目20余项。

周功梅，重庆工商大学工商管理学院讲师，博士毕业于中国社会科学院大学，研究方向为旅游经济、康养旅游，研究成果发表于《旅游学刊》《旅游科学》《资源开发与市场》《旅游研究》等期刊。主持国家社科基金西部项目1项，参与国家社科基金项目（含重大项目）、文化和旅游部项目、国家发展和改革委员会项目、北京市社科重点项目、中国社会科学院项目等近十项。